GESTÃO DE MUDANÇAS

JORGE DURO

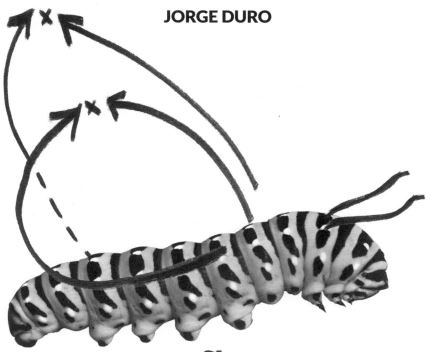

GESTÃO DE MUDANÇAS
Como fazer a diferença

Editora Senac Rio de Janeiro – Rio de Janeiro – 2015

Gestão de mudanças: como fazer a diferença © Jorge Duro, 2015.

Direitos desta edição reservados ao Serviço Nacional de Aprendizagem Comercial – Administração Regional do Rio de Janeiro.

Vedada, nos termos da lei, a reprodução total ou parcial deste livro.

SISTEMA COMÉRCIO-RJ
SENAC RJ

Presidente do Conselho Regional do Senac RJ
Orlando Diniz

Diretor do Sistema Comércio
Orlando Diniz

Diretor Geral do Senac RJ (em exercício)
Marcelo Jose Salles de Almeida

Conselho Editorial
Ana Paula Alfredo, Wilma Freitas,
Daniele Paraiso, Manuel Vieira,
Nilson Brandão e Karine Fajardo

Editora Senac Rio de Janeiro
Rua Pompeu Loureiro, 45/11º andar
Copacabana – Rio de Janeiro
CEP: 22061-000 – RJ
comercial.editora@rj.senac.br
editora@rj.senac.br
www.rj.senac.br/editora

Publisher
Wilma Freitas

Editora
Karine Fajardo

Prospecção
Emanuella Santos, Manuela Soares
e Viviane Iria

Produção editorial
Ana Carolina Lins, Camila Simas,
Cláudia Amorim e Jacqueline Gutierrez

Copidesque
Cecilia Setubal

Projeto gráfico e ilustrações
Camila Simas

Impressão
Gráfica e Editora Stamppa Ltda.

1ª edição: agosto de 2015

CIP-BRASIL. CATALOGAÇÃO-NA-FONTE
SINDICATO NACIONAL DOS EDITORES DE LIVROS, RJ

D964g

    Duro, Jorge

    Gestão de mudanças: como fazer a diferença / Jorge Duro; [ilustração Camila Simas]. - 1. ed. - Rio de Janeiro: Ed. Senac Rio de Janeiro, 2015.

    144 p. : il. ; 23 cm.

    Inclui bibliografia

    ISBN 978-85-7756-330-2

    1. Administração de empresas. 2. Desenvolvimento organizacional. 3. Planejamento estratégico. 4. Liderança. 5. Sucesso nos negócios. I. Título.

15-25012

                               CDD: 658.406

                               CDU: 658.012.32

A todos que vieram antes de nós;
a todos que aqui estão, inclusive, você, leitor; e
a todos que virão depois de nós...

SUMÁRIO

PREFÁCIO		9
INTRODUÇÃO	Viver é decidir	13
CAPÍTULO 1	O significado da decisão	17
CAPÍTULO 2	O mito dos grandes decisores	30
CAPÍTULO 3	Tipos de decisores: a Tipologia Eneag	35
CAPÍTULO 4	Teorias sobre decisão	49
CAPÍTULO 5	Erros de decisores extremistas	58
CAPÍTULO 6	Decisão e informação	61
CAPÍTULO 7	O processo decisório individual	68
CAPÍTULO 8	Decisão: crenças e paradigmas	73
CAPÍTULO 9	Padrões mentais e o processo decisório	79
CAPÍTULO 10	Decisões no mundo corporativo	84
CAPÍTULO 11	Milênio das mudanças	105
CAPÍTULO 12	Decidir é mudar	109
CAPÍTULO 13	Decisão e gestão de mudanças	113
CAPÍTULO 14	Algumas ferramentas para ajudar sua decisão	124
CAPÍTULO 15	Comunicação das decisões	131
CAPÍTULO 16	Neurocomunicação	136
CAPÍTULO 17	Decisão: o último recurso	140
REFERÊNCIAS		142

PREFÁCIO

O tempo pode ser entendido como uma dimensão maior, que surgiu com o Big Bang, a grande explosão, e pode até ser representado em equações matemáticas, mas o que ele é? Você já parou para pensar? Qual é sua definição? Existe pouca literatura a respeito dessa entidade que acaba nos envolvendo de maneira onipresente e onipotente.

Aprendi que há três tipos de tempo: o biológico, que pauta o ciclo dos organismos; o cronológico, desenvolvido e cada vez mais preciso, medido nos relógios; e o psicológico, que envolve a percepção de que momentos agradáveis passam rápido e momentos difíceis demoram a passar.

O tempo está intimamente ligado à percepção de mudanças, ao tique-taque do relógio, ao crescer de uma planta, ao movimento das ondas e das estrelas. Quase tudo gira em torno dele, desde o mercado financeiro até os ciclos de colheitas. Nossas decisões, em última instância, fazem de nós jogadores contra o tempo: Acordo mais tarde ou mais cedo? Faço seguro de vida neste ano? Caso-me com a fulana, e por quanto tempo? Vou ter um filho, quando?

No filme *Feitiço do tempo* (1993), Bill Murray acorda sempre no mesmo dia 2 de fevereiro, já sabendo de todos os eventos diários. No início vem a euforia de dominar o tempo, depois se sucede a depressão da impotência e, por fim, dá-se o aceite de viver um dia de cada vez, mudando e aprendendo sem ansiedade.

Na mitologia grega, o tempo é representado por Cronos, o mais jovem dos titãs da primeira geração, filho de Urano – o céu estrelado – e de Gaia – a Terra. A pedido de sua mãe, Cronos castrou o pai com um golpe de foice e se tornou senhor do Céu. Foi durante seu reinado que a Humanidade (recém-nascida) viveu a "Idade de Ouro".

Cronos se casou com sua irmã Reia. Tiveram seis filhos, mas, como ele tinha medo de ser destronado por causa de uma maldição, engolia os filhos ao nascerem. Comeu todos exceto Zeus, que Reia conseguiu salvar após enganar o marido. Ela enrolou uma pedra em um pano, e Cronos a engoliu sem que percebesse a troca. Quando Zeus cresceu, resolveu vingar-se do pai e, para isso, solicitou o apoio de Métis, a Prudência. Esta ofereceu a Cronos uma poção mágica, que o fez vomitar os filhos que havia devorado.

Como o tempo é um fator de aprendizagem, Cronos acaba sendo um grande professor que devora seus alunos. Na era de disrupções em que vivemos, a complexidade torna as decisões cada vez mais difíceis.

Um dos mal-entendidos consiste em concebê-la como resposta, em vez de considerá-la desafio e motivação para pensar. Acreditamos que a complexidade deve ser um substituto eficaz da simplificação mas que, como esta, permitirá programar e esclarecer. Outro mal-entendido está em confundi-la com a completude. O problema não é a completude, mas a incompletude do conhecimento.

Vejamos, por exemplo, o processo de mudança de emprego. Há momentos em que existe o conflito, isto é, desejamos mudar, e outros em que nos acomodamos com a situação presente. Isso ocorre até chegar a hora em que não podemos mais tolerar o conflito e resolvemos assumir o risco. O ponto de decisão, portanto, está associado a dois fatores: a avaliação de risco e a capacidade de conviver com o conflito.

A avaliação de risco é uma função interna, relacionada basicamente à experiência e à própria maturidade. Quanto mais vivemos, mais nos tornamos experientes, capazes de avaliar melhor a complexidade da realidade que nos cerca e de perceber um grau maior de risco. Isso ajuda a explicar por que os jovens são mais impetuosos, tomam decisões com mais rapidez, enquanto os mais velhos mostram-se mais ponderados.

Quanto à capacidade de conviver com o conflito, as pessoas menos estruturadas ou propensas a lidar com o estresse serão, certamente, as primeiras a tomar decisões. Em suma, quanto menos toleramos as situações de estresse, mais rápido será nosso ponto de decisão. De posse desse modelo, podemos afirmar que só mudaremos o padrão decisório de alguém se conseguirmos envolvê-lo em uma menor percepção de risco ou fazer com que conviva melhor com o estresse inerente à tomada de decisões. Isso implica mexer com valores, sejam eles mentais, morais ou espirituais, o que se torna um grande desafio para todos nós.

Viver é decidir

Desde o momento em que somos concebidos, estamos em constante mudança fisiológica e psicológica (amadurecimento). Esse fenômeno é integralmente responsável por um elemento abstrato que nos proporciona a vida e a humanidade, e é, portanto, inalterável e totalmente involuntário. Contudo, durante toda a nossa vida haverá também uma série de mudanças que poderemos escolher assumir ou não.

O grande obstáculo é a resistência em sair da zona de conforto – que veremos mais adiante. O ser humano nutre naturalmente um temor pelo desconhecido e pelo irreparável, que é exatamente a causa da indecisão e do receio na hora de arriscar o que se tem para conseguir algo maior e melhor. Isso é justamente o que bloqueia o processo decisório e, por consequência, a progressão.

Para entender melhor esse problema e, então, realmente dominar a gestão de mudanças, devemos compreender os processos decisórios individuais e grupais. Dessa forma, começaremos no início de tudo; primeiro vamos conhecer a raiz da questão.

Desde os primórdios da existência humana, o ato de decidir nunca foi incentivado, e, quanto maior a importância de uma decisão, mais complicado é para nós. Basta estudar um pouco de História e mitos para perceber que esse conceito já está na consciência coletiva desde que nos estabelecemos como seres obedientes e não decisores. Apesar de termos, essencialmente, habilidade para refletir e resolver problemas, e capacidade decisória para executar a solução, na prática, aspectos sociais, psicológicos e culturais acabam por interferir nesse processo.

Para exemplificar esse conceito, usaremos como perspectiva dois mitos: um cristão e outro da cultura grega. O primeiro é sobre Adão e Eva, que, movidos pela curiosidade, cederam à sedução da serpente maligna que habitava o Jardim do Éden e decidiram comer o fruto do bem e do mal, o que provocou a expulsão de ambos do Paraíso. O segundo é sobre Ícaro e seu pai Dédalo, que, por se encontrarem presos em uma ilha, resolveram construir asas para que pudessem fugir voando. Entusiasmado com o voo, Ícaro não ouviu os avisos do pai e decidiu voar cada vez mais alto. O calor do sol acabou por derreter a cera que mantinha as penas das asas unidas, causando, assim, a queda que matou o jovem rapaz.

O que haveria em comum entre o mito cristão e o grego? A explicação é bem simples. Apesar de não pertencerem ao mesmo contexto social e cronológico, são exemplos diferentes de um mesmo tipo de narrativa, simples e rápida, carregada com algum conceito prático – que chamamos de "moral". Esta, apesar de ficar nas entrelinhas, é de imediata interpretação e absorção por parte do leitor.

FIGURA I.1: *O pecado original e a expulsão do Paraíso*, de Michelangelo.

Desse modo, o que podemos absorver dessas histórias é que a tomada de decisão é uma atitude arriscada, a qual quase sempre tende mais a uma catástrofe que a uma mudança favorável. Portanto, melhor seria continuar como está para não ficar pior, sempre em "solo firme" e recusando qualquer promessa de aventura. É daí que surge a consciência coletiva conformista – que impera sobretudo em um país como o Brasil – de que, não importa a situação, é melhor manter-se estável.

Contudo, toda a nossa existência baseia-se na tomada de decisões, e não há para onde fugir. Desde o momento em que despertamos, nosso primeiro pensamento já envolve algum tipo de decisão: sair ou não da cama, ficar ou não por mais cinco minutos, tomar banho ou não... Enfim, passamos o tempo todo decidindo algo, e esse processo somente tem fim quando o dia termina e podemos descansar.

A grande dúvida, então, é: vale a pena decidir ou não? Já que somos assaltados por dilemas todos os dias de nossas vidas, o que nos impediria de tomar decisões de forma consciente, ou seja, de equilibrar a racionalidade à vontade de mudar, de voar mais alto, de viver novas experiências?

A verdade é que somos intrinsecamente decisores e criadores; porém, ao mesmo tempo, também somos criaturas. Criamos (ou recriamos) tudo aquilo em que estamos envolvidos, tudo o que trouxe a Humanidade a este ponto da História, a qual ainda está sendo escrita e assim continuará até o dia em que o ciclo da Humanidade na Terra findar, se é que isso ocorrerá. Por outro lado, quando falamos em processo decisório, simplesmente não aceitamos o caráter efêmero da existência, e este foi o motivo pelo qual

FIGURA I.2: *A criação de Adão*, de Michelangelo.

inventamos, inclusive, as religiões, a filosofia e a ciência: para melhor compreender a vida e tudo o que ela implica.

Somos criaturas sujeitas a regras externas e ambientais, as quais teimamos em subestimar. Um exemplo claro disso é o fato de que, mesmo com a noção de que o meio ambiente atualmente sofre com o aquecimento global e o efeito estufa causados pelo mau uso que fazemos dos recursos naturais, e ainda que tenhamos consciência de que o mundo é finito, assim como a própria vida humana, andamos muito lentamente em direção às decisões necessárias para reverter esse quadro.

Pode-se dizer então que, como criadores, decidimos; como criaturas, obedecemos a essa condição ou nos rebelamos contra ela. Contudo, ambas as posições requerem tomadas de decisão, as quais, para alguns, não são assim tão simples. Os capítulos deste livro abordam aspectos históricos que poderão explicar por que somos mais seres obedientes que decisores e auxiliarão na conscientização acerca da importância de, cada vez mais, assumirmos nossas próprias decisões. Por fim, apresentam algumas ferramentas essenciais que contribuirão para o processo decisório de questões fundamentais como emprego, tempo, dinheiro etc.

Ao terminar a leitura, você terá se tornado um decisor mais confiante e feliz, pronto para "fazer a diferença".

O SIGNIFICADO DA DECISÃO

Diz a História que, na Grécia Antiga, época de Aristóteles e outros filósofos memoráveis, quando era preciso tomar uma decisão importante para a comunidade, os gregos costumavam reunir-se para debater exaustivamente sobre todas as hipóteses possíveis para planejar soluções. Quando todas as possibilidades pareciam esgotadas, sem que eles tivessem chegado a um consenso, recorriam a um segundo recurso: a alteração do estado de consciência.

Então, em outras palavras, os gregos embriagavam-se com vinho e, somente após o fim da ressaca, retomavam a discussão do problema. Eles acreditavam que, assim, despertariam algum elemento criativo que pudesse ter ficado escondido na anterior sobriedade. O que ocorria era que eles podiam experimentar um modo diferente de abordar o problema em questão.

Outro exemplo usado de forma peculiar para tomar decisões importantes é o do Colégio dos Cardeais, no Vaticano. Quando precisam escolher um novo papa para representar toda a Igreja católica, cardeais do mundo inteiro fazem votações secretas entre si, com intervalos para que façam assembleias a fim de defender pontos de vista acerca de determinado candidato – o chamado "conclave".

Entretanto, esse processo não tão é simples quanto pode parecer. Um papa só pode ser eleito quando os votos resguardados a ele somarem, no mínimo, dois terços mais um. Até que isso ocorra, são realizadas duas sessões de votação por dia, além do conclave.

Foram raras as vezes em que essa eleição ocorreu com rapidez, como no caso do Papa João Paulo I, escolhido em 24 horas. Entretanto, nunca se demorou tanto para eleger um papa como no conclave de 1268, após a morte de Clemente IV, o mais longo do mundo, que se estendeu por quase três anos.

Logo, há variadas maneiras que podem ser benéficas na hora de escolher o melhor caminho disponível para se tomar uma decisão. No entanto, para cada uma delas, sugere-se um *overnight* no intervalo do processo; ou seja, reservar para si um período de relaxamento, de distração, que possibilite renovar as energias e voltar ao problema com os ânimos a todo vapor.

Partindo agora para outra abordagem sobre o sentido de "decidir", são apresentadas mais duas versões. A primeira delas é a que chamaremos de *soft* – decidir significa optar.

Quando estamos falando de opção, imediatamente nos referimos à relação "custo-benefício" (*trade-off*). Como esclarecimento, esse sistema lamentavelmente impõe que nada é obtido sem algum tipo de pagamento em troca; ou seja, não existe amostra grátis: para obter um produto, serviço ou vantagem, devemos estar cientes de que vamos arcar com algum tipo de custo, mesmo que ele esteja oculto ou embutido. Assim, se ninguém ainda pagou por essa amostra, certamente irá pagar em algum momento.

Em nosso subconsciente, estamos acostumados à falsa ideia de que, em algumas circunstâncias, vamos ter a possibilidade de angariar lucro sem qualquer custo – ou, ao menos, quase sem. Esse é um fenômeno que não ocorre apenas de maneira individual, mas também nas organizações empresariais, quando os problemas são encarados com ingenuidade.

Para ficar mais claro, vamos utilizar como exemplo uma situação hipotética dentro do departamento de produção de uma empresa qualquer. Suponhamos que os profissionais desse setor tenham decidido utilizar matéria-prima de menor custo na confecção de determinado produto, visando alcançar maior lucro. Como resultado, eles podem obter um produto final de qualidade inferior e, consequentemente, reclamações posteriores dos clientes. Com isso as vendas decaem.

Assim, o que gerou lucro maior para o pessoal da produção pode representar, por outro lado, prejuízo para o setor de marketing e vendas. É claro que qualquer empresa tem reservado a si o direito de fazer uso de material mais barato em sua produção, mas, para evitar problemas decorrentes disso, é imprescindível que se delibere não apenas sobre o lucro como também sobre o custo que essa decisão poderá gerar. Somente depois desse *trade-off* custo *versus* benefício é decidido se o lucro líquido será, então, favorável às necessidades e metas da empresa.

A relação custo-benefício, até agora vista associada exclusivamente ao dinheiro – ou à sobrevivência –, ainda pode ser encontrada em outras áreas da vida humana. Ela pode estar envolvida em questões de segurança (quando se quer evitar a perda de algo), afeto (requerimento de atenção e companheirismo por parte de outras pessoas), ego (se houver necessidade de reconhecimento público) e autorrealização (relacionada ao prazer e ao desafio). Em todas essas situações, pode-se fazer um cálculo tomando como perspectiva tanto a questão do benefício quanto a do custo.

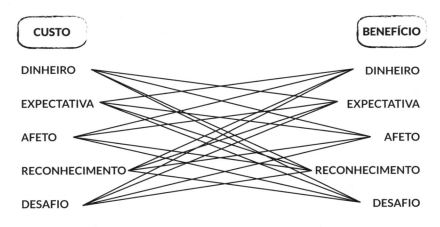

FIGURA 1.1: Custo *versus* benefício.

Na verdade, conscientemente ou não, passamos toda a vida tomando decisões com base no sistema de custo e benefício. É como se pesássemos, em uma balança, o custo de um lado e o benefício de outro; e então, quando o benefício pesasse mais, nós decidiríamos arcar com o custo em determinada situação.

GESTÃO DE MUDANÇAS • 19

Márcia comprou um brinquedo para dar a seu filho, Pedro, em seu aniversário. Ela dispôs de um custo (em dinheiro) para comprar esse presente, visando ao retorno em forma de afeto (o que corresponde ao benefício). No entanto, tudo seria em vão caso o menino não gostasse do brinquedo, não importa o quanto tenha custado.

Mariana decidiu abandonar seu emprego e toda a carreira profissional para ser dona de casa e se dedicar mais a sua família. O trabalho era algo que lhe traria retorno financeiro, mas, de acordo com seu próprio ponto de vista, foi um custo bem mais baixo em compensação ao benefício que ela terá: o afeto da sua família.

Téo sempre quis saltar de paraquedas, mas nunca teve condições financeiras. Contudo, ele enriqueceu, e, apesar de ter conquistado o dinheiro que tem hoje com esforço, o custo com o qual vai ter de arcar para realizar um grande sonho não é maior que a autorrealização ao desafiar a si mesmo nos céus.

Já Tony é um verdadeiro amante de carros de luxo. Ele tinha uma pequena coleção deles em sua garagem; no entanto, não se importou de gastar uma fortuna com mais um importado. O valor foi alto, mas a verdade é que, sob a perspectiva do comprador, o benefício de ter seu ego inflado foi bem maior que o gasto. Outro custo é a insegurança que essa decisão proporciona por tornar-se alvo de sequestros etc.

Assim como não trocamos dinheiro por dinheiro nem segurança por segurança, nós simplesmente cedemos algum tipo de recurso que nos esteja disponível por algo que nos pareça mais necessário. Por exemplo, o próprio afeto que dispensamos a outras pessoas não é trocado puramente por afeto. Quando demonstramos nossos sentimentos, na verdade estamos buscando um tipo de autorrealização, ao ver o outro receber o carinho, ou tentando provocar uma réplica – ou seja, esperando a recíproca.

A segunda versão é a que chamaremos de "radical". Essa denominação se deve à etimologia da palavra "decisão", que, com sua origem no latim "*de caedere*" (*de* = parar de; *caedere* = cortar), tem o mesmo radical dos termos "suicídio", "homicídio", "fratricídio" e "parricídio". Assim, originalmente, o sentido de decidir tem a ver com matar.

No momento em que decidimos algo, a referência ao assassinato e à morte se dá com relação às opções que dispensamos em detrimento da escolhida, visto que o próprio ato de tomar uma decisão implica selecionar, entre duas ou mais opções, aquela mais favorável. O que ocorre é que não fomos educados para matar e assassinar, atos que estão muito longe do senso de ética e civilidade, obviamente.

Unindo todos os pontos, podemos entender por que o ato de decidir é quase um tabu para muita gente. Assim como no caso do homicídio, decidir impõe riscos que podem ser enormes, e somos condicionados, desde pequenos, a evitá-los a todo custo. Portanto, é natural que algumas pessoas levem mais tempo que outras para tomar uma decisão, pois esse processo depende de uma avaliação pessoal do grau de risco da situação ou do nível de segurança existente. Muitas vezes, elas acabam deixando-se paralisar quando o risco é alto demais.

Quanto aos tipos de análise que realizamos quando é necessário optar por alguma alternativa decisória, podemos citar dois deles. O primeiro é o tipo "ou", em que n = 2; isto é, aquelas situações em que temos duas alternativas e precisamos escolher uma delas e "matar" a outra. O segundo é o tipo "seleção", em que n > 2, isto é, quando mais de duas opções estão disponíveis, porém ainda precisaremos escolher apenas uma para eliminar as restantes.

Além dos dois tipos definidos anteriormente, também temos o que chamaremos de "fatal", no qual n = 1; ou seja, só há uma opção disponível. Ora, por mais que todos nós, em variados momentos de nossas vidas, tenhamos de fazer escolhas difíceis, a única situação absoluta em que não há pelo menos uma segunda alternativa é o momento da morte. Todos nós já nascemos fadados a um dia deixar de existir e, para isso, não tem jeito.

Mesmo assim, é intrínseco ao ser humano o protesto contra a inevitabilidade da morte. Sem considerar as constantes pesquisas científicas para descobrir uma forma de estacionar a juventude, retroceder a velhice e tornar a vida eterna de várias maneiras, de alguma forma, a maioria de nós vai tentar eternizar-se.

É esse medo de morrer, por exemplo, que leva um artista a criar algo inovador que o faça ser lembrado, que inspira um governante a fazer uma obra faraônica, fazendo questão de ostentar uma placa com seu nome no local construído. É também o que motiva um atleta a elevar o foco e a disciplina em seus treinos a níveis extraordinários, com o objetivo de quebrar um recorde que o guie à posteridade na história da modalidade esportiva da qual é parte.

Até o desejo de ter filhos é reflexo do protesto contra a morte irrevogável. Afinal, os descendentes representam a continuidade do "eu". Em nível grupal, eles são responsáveis pela perpetuidade da espécie humana. Logo, se pensarmos bem, tudo o que fazemos aqui é nos rebelar contra o fato de que um dia vamos deixar de existir. E, ainda, toda atitude que tomamos como reflexo desse sentimento acaba gerando uma série de consequências que podem afetar não apenas a nós mas também a toda a Humanidade.

Como já mencionado, este livro quer mostrar por que as pessoas decidem – e têm de decidir –, tanto em termos individuais quanto coletivos. Já vimos que, no primeiro caso, a busca da felicidade é a razão principal. Enquanto isso, em nível grupal ou em relação às organizações, é o "fator sobrevivência" que está em jogo.

Analisemos, então, o caso das decisões individuais. Segundo a professora Anna Campos (2013), da Fundação Getulio Vargas (FGV), elas se pautam nos seguintes fatores:

1. Basicamente, todos nós visamos, afinal, à felicidade.
2. Essa meta – encontrar a felicidade – ramifica-se, para cada pessoa, em uma série de "submetas", que abrangem diferentes áreas de nossos interesses.
3. Muitas vezes pode ocorrer de algumas metas se chocarem umas contra outras. Assim, algumas acabam por ficar "subotimizadas" (lembra-se do *trade-off*?). Um exemplo bem simples do nosso dia a dia é o daquela pessoa que resolve fazer uma dieta e, para tanto, estabelece uma meta de perder 2 kg por mês; porém ela é convidada para um casamento com um bufê maravilhoso e se confronta com a decisão de manter sua dieta à risca ou abrir uma exceção.
4. O tempo exerce papel fundamental na questão das metas de segundo plano. Em geral, tendemos a otimizar apenas no instante em que tomamos as decisões. Mais tarde, aquela decisão de segundo plano reaparece, ou porque as previsões sobre ela se modificaram, ou mesmo em razão de uma mudança nos próprios valores e interesses do decisor.
5. Decidir é uma questão complexa, a ponto de se tornar impossível a descoberta de um conjunto perfeito e infalível de ações ótimas. Os indivíduos, em geral, tratam suas metas com base nos bons resultados.
6. É muito difícil que uma pessoa tente – ou consiga – encontrar todas as informações disponíveis no intuito de decidir, uma vez que não

se pode ter acesso a tudo, e que o fator tempo atua nos impondo limites. Temos de lidar também com nosso próprio limite na percepção de informações.

7. A despeito de todos os embaraços, tentamos ser racionais ao resolver nossos problemas e selecionar as oportunidades. Para nos auxiliar, contamos com a experiência acumulada de princípios éticos, máximas e heurísticas. Afinal, o passado é, para nós, a principal referência natural, o que pode ser tão benéfico quanto prejudicial. Imagine dirigir um carro com o vidro frontal totalmente coberto, tendo apenas os retrovisores para guiá-lo. Em um curto período, você vai conseguir manipular o veículo com um bom reflexo, mas à sua frente talvez haja obstáculos que podem se chocar contra você, causando uma calamidade. Assim, olhar para o passado é sempre de grande ajuda, visto que ele pode, entre outras questões, acelerar o processo decisório. Contudo, conscientizar-se de que o presente e o futuro são situações diferentes que demandam outra maneira de agir é se preparar para os desafios e as oportunidades que o "desconhecido" pode oferecer.

Vejamos agora as questões relacionadas às tomadas de decisão em relação ao "coletivo", mais especificamente nas organizações empresariais.

1. As organizações visam, acima de tudo, à sobrevivência, isto é, à continuidade.

2. Essa meta ramifica-se em uma série de objetivos que dizem respeito ao relacionamento da organização com o mundo exterior.

3. As próprias metas da organização podem, muitas vezes, colidir entre si. Diante da impossibilidade de priorizar todas, algumas são "subotimizadas" (o *trade-off* agindo novamente).

4. Essa questão origina-se do fato de que as unidades da organização costumam ter metas funcionais que também se chocam entre si ou, até mesmo, com suas outras metas. Temos como exemplo o caso de uma empresa cujo setor financeiro tem como meta reduzir o número de atrasos de pagamento. Para isso, eles passam a pressionar mais os clientes, mas estes ficam insatisfeitos com essa nova atitude da empresa e desestimulados a comprar dela novamente.

Enfim, o que pode ser um ganho para o setor financeiro pode ser uma perda para o comercial.

5. O fator tempo também pode afetar a otimização de metas nas empresas, em razão de mudanças de condições inesperadas. Afinal de contas, o tempo é externo a nós, portanto, fora de nosso controle total. O que podemos manejar é a parte dele que está restrita a nós mesmos, e, ainda assim, nem sempre isso é possível. Acredita-se que praticamente todos os que costumam viajar de avião já tiveram que se confrontar com a situação de voo atrasado, por exemplo, pelo mau tempo. Não importa que haja uma reunião importantíssima no outro lado do país, à qual você necessite comparecer: o tempo é intangível. Quem administra geralmente não busca a excelência em sua totalidade, porque nas organizações as decisões costumam ser pautadas de acordo com o conceito de racionalidade limitada. Isso se dá pelos mesmos motivos que limitaram a racionalidade das decisões individuais.

6. Em uma organização, decidir significa, como se acredita, utilizar uma base de exigências e conhecimentos acumulados, ou seja, técnicas e métodos para diagnosticar, projetar e avaliar, somados a algumas teorias. Contudo, na prática, em razão da complexidade das questões em relação a um prazo curto, na maioria das vezes não há tempo hábil suficiente para se colocarem os problemas em perspectiva e analisá-los segundo essas metodologias. Assim, os grandes dirigentes terminam por se valer exclusivamente da própria experiência e intuição. A base social de conhecimentos pode auxiliar os decisores, mas não é suficiente se não houver criatividade e intuição ao longo do processo de decisão.

A base das decisões

Ao menos individualmente, as pessoas têm, de maneira geral, suas decisões fundamentadas em um sistema de crenças, e cada crença é constituída por determinado conceito agregado a um valor. Esse esquema é representado pela seguinte equação:

CRENÇA = CONCEITO + VALOR

Os conceitos, geralmente, são de ordem intelectual ou racional, ao passo que os valores são puramente emocionais ou intuitivos. O maior desafio na formação de grandes decisores é romper os paradigmas que limitam as pessoas, desenvolvendo uma escala de valores.

Dentro de uma análise temporal, somos hoje o produto da soma das nossas decisões no passado, às quais chegamos guiados pelas crenças. Elas certamente tiveram influência em questões cruciais, como casamento, formação educacional-profissional e emprego. Tudo isso se deve à crença de que necessitamos disso para sermos felizes.

A crença, portanto, é o fundamento da decisão. Em seu interior existe uma variável de valor que é de caráter emocional e pessoal. Isso nos leva à conclusão de que pessoas diferentes, com a mesma base de dados, analisarão diferentemente uma situação idêntica.

Para ficar mais claro, vamos utilizar como perspectiva um exemplo bem simples de uma situação hipotética. Vamos supor que dois analistas de produto tenham sido enviados para a África, a fim de pesquisar o mercado de sapatos vigente no local. Um deles voltou desanimado, com informações de que lá não há potencial de vendas, já que ninguém usa calçado. O outro, por sua vez, retornou bastante entusiasmado, dizendo que havia encontrado um extraordinário mercado em potencial, justamente porque ninguém lá usava calçado.

Outro exemplo mais simples é o de um copo com água até a metade. Uma pessoa pode olhá-lo e dizer que está "meio vazio", e outra dirá que está "meio cheio". Talvez a primeira pessoa, em um tempo anterior, tenha visto o copo mais cheio; a segunda, ao contrário, viu-o vazio. Daí a noção diferenciada sobre um mesmo paradigma: tendemos a analisar a realidade de acordo com um referencial do passado, e, quando não, com apoio em nossas próprias expectativas e valores internos de pessimismo e otimismo.

Poderíamos citar outros inúmeros exemplos e a conclusão seria a mesma. Todos nós tendemos a avaliar a realidade, que no fundo é igual para todos, tomando como base nosso conjunto de crenças, mais

CARA OU COROA, QUAL VAI SER? NESSE JOGO, AS CHANCES PARA CADA FACE SOBRESSAIR SÃO 50% POR 50%, MAS VAMOS COMPLICAR UM POUQUINHO. DIGAMOS QUE "CARA" TENHA SOBRESSAÍDO 5 VEZES CONSECUTIVAS: QUAL A CHANCE DE SAIR "COROA" NA PRÓXIMA? ALGUNS DIRIAM QUE CERTAMENTE A MOEDA ESTARIA VICIADA E, POR ISSO, SÓ SAIRIA "CARA". OUTROS TERIAM UMA OPINIÃO DIFERENTE, DE QUE, POR TER SAÍDO MUITA "CARA", ENTÃO VIRIA UMA "COROA". TUDO É QUESTÃO DE PERSPECTIVA E REFERÊNCIA.

particularmente os valores, e chegar a diferentes resultados. Isso tudo porque assimilamos o mundo à nossa volta de forma particular e totalmente individual, ainda que encontremos outras pessoas com visões parecidas – mas nunca 100% semelhantes.

Cabe dizer que os conceitos, também, são cognitivos por natureza, ao passo que os valores são de ordem emocional. Não basta, portanto, formar profissionais visando exclusivamente a uma base de dados ampla, com sistemas fantásticos de informação, se eles, por outro lado, sentirem medo de decidir – pois não foram preparados para isso. Ou, então, se esses profissionais costumam fundamentar suas análises em valores preconceituosos.

A imagem que melhor ilustra essa questão é aquela do soldado a quem foi fornecido todo tipo de armamento de combate possível, porém é derrotado por um pivete portador de um canivete velho. Esse "Rambo" não foi abatido porque o menor estava mais bem armado ou tinha alguma habilidade combativa especial, e sim por sua crença de que, mesmo armado até os dentes, jamais poderia matar uma criança. Esta, por sua vez, aproveita-se da oportunidade e lança o canivete contra o soldado, provavelmente matando-o.

Passemos, agora, para um teste proposto a ajudar o leitor a iniciar uma investigação pela superfície do seu problema, no que diz respeito às decisões. Mais especificamente, ele vai poder identificar se a natureza de suas dificuldades reside no campo dos valores ou dos conceitos.

Pedimos que escolha uma questão muito difícil diretamente relacionada à sua vida, como uma mudança de emprego, profissão, cônjuge ou cidade. E então, de acordo com o quadro a seguir, reúna dados sobre a questão.

1) ESSA DECISÃO, CASO TOMADA, SERIA REVERSÍVEL? ( ) SIM ( ) NÃO
2) VOCÊ PRECISARIA ASSUMIR RESPONSABILIDADES? ( ) SIM ( ) NÃO
3) ISSO LHE CAUSA MEDO? ( ) SIM ( ) NÃO

QUADRO 1.1: O grande entrave.

A primeira pergunta visa saber sobre a possibilidade (ou não) de a decisão em questão ser retroativa; quer dizer, caso o resultado não seja satisfatório, se haverá maneira de voltar atrás e tomar atitudes diferentes. Se a resposta for positiva, é sinal de que não há nada que o impeça de seguir em frente para a próxima questão, relativa à responsabilidade.

A análise do grau de responsabilidade ou comprometimento remete às condições que você tenha – ou não – de arcar com os custos que essa decisão requererá. Desde que não haja restrições a isso, é hora de encarar a próxima questão, referente ao medo. E se ele for descartado, meu caro leitor, simplesmente execute! Nem dê tempo para pensar, simplesmente entre em ação.

Ao contrário, quando temos medo e/ou estamos confusos, isso quer dizer que o problema jaz na esfera dos padrões mentais e dos valores. Geralmente, é possível observar que grande parte das pessoas empaca e tranca o processo decisório por conta desse temor todo. Esse fato reforça ainda mais a importância que precisamos dar à escala de valores dentro do mecanismo da tomada de decisão, pois é o que vai acelerar e gerar, verdadeiramente, uma melhoria significativa na evolução desse processo.

O MITO DOS GRANDES DECISORES

Existe um grande mito: o de que os grandes decisores já nasceram assim. O que se acredita como senso comum é que tomar decisões é uma especialidade exclusiva, uma dádiva divina concedida a uma cota limitada que teria, então, a capacidade de decidir acertadamente. Esse seria o motivo pelo qual as pessoas que fazem parte desse quantitativo mínimo se tornaram referência para o restante da sociedade, a maioria comum.

Enfim, de acordo com essa ótica, existiria a crença de que o bom decisor estaria praticamente predestinado, desde o nascimento, a transformar-se em um Henry Ford, um Lee Iacocca, um Akio Morita ou outros ícones bem conhecidos da arte decisória.

O que a prática nos mostra, entretanto, é que eles foram, em termos genéricos, pessoas que decidiram com base em um processo próprio e consistente com o problema. Sem sombra de dúvida, foram, sim, bons decisores, que fizeram as escolhas certas que lhes proporcionaram resultados extraordinários. Entretanto, o mito de que o grande decisor já nasce pronto cai por terra quando continuamos analisando mais a fundo outras decisões, desses mesmos personagens, que resultaram em retumbantes fracassos.

Vejamos o caso de Bill Gates. Tendo revolucionado o mercado de computadores pessoais no mundo inteiro, foi o pioneiro dos *softwares*. Em uma época em que os *hardwares* eram considerados mais importantes, ele criou o Windows, o primeiro sistema operacional. E foi por meio da Microsoft, empresa fundada por ele em parceria com Paul Allen, que conseguiu democratizar seu OS (*operational system* – sistema operacional), o qual veio a se tornar o mais pirateado de todos os tempos.

Em contrapartida, depois da virada do milênio, o sistema operacional começou a se tornar obsoleto, pois se iniciava a era da internet. Como Gates desacreditava do poder dessa ferramenta, escolheu não investir nela tanto quanto podia, o que resultou na abertura desse mercado para empresas como a Google, que hoje ocupa uma posição maior, tanto em tudo aquilo que se relaciona com a internet quanto no sistema operacional para celulares – o Android.

Outro exemplo expressivo é o de Eike Batista, empreendedor brasileiro que, em pouquíssimo tempo, tornou-se o homem mais rico do Brasil e chegou ao posto de sétimo do mundo. Eike começou cedo e, aos 23 anos, comprou sua primeira mina de ouro. Rapidamente tornou-se um gestor de sucesso. Com a criação do Grupo EBX de empresas de ramos variados (OGX, MPX, MMX, LLX, OSX, SIX, entre outras), em meados de 2011 ele pôde experimentar o auge de sua fortuna e sucesso.

O *modus operandi* de Eike, no entanto, era tão brilhante quanto suicida. Enquanto uma empresa se saísse bem, todas iriam com ela; mas, caso contrário, se uma fosse mal, todas estariam automaticamente prejudicadas. E foi justamente o que aconteceu.

Quando o empresário decidiu incluir o grupo na Bolsa de Valores de São Paulo (Bovespa), ocorreu desgraça atrás de desgraça. A cotação para cada uma de suas empresas caiu sucessivamente, foram vendidas partes de várias delas, postos de operação foram desativados, houve demissões em massa... Enfim, hoje Eike Batista já não é mais bilionário e está longe de ser novamente o homem mais rico do Brasil, e menos ainda de ultrapassar Bill Gates e Carlos Slim – primeiro e segundo homens mais ricos do mundo, respectivamente, em 2015 –, como havia declarado que faria em cinco anos.

Assim, como podemos observar, todos esses homens tomaram decisões brilhantes em suas empresas; cometeram, entretanto, grandes asneiras em momentos posteriores. Isso nos leva a crer que o parâmetro para uma decisão é sempre outra decisão, tomada no passado, que obteve êxito. Curiosamente, os acertos do passado acabam por se voltar contra o decisor, uma vez que este não leva em conta as mudanças conjunturais ocorridas no intervalo entre uma decisão e outra.

"O sucesso é um péssimo professor: ele ensina a gente brilhante que é impossível errar", teria dito Bill Gates. Essa declaração de veracidade inegável e quase palpável se aplica não somente no plano individual mas também no que se refere às grandes organizações. Uma boa síntese do pensamento do fundador da Microsoft é o velho e conhecido ditado "em time que está ganhando, não se mexe". A própria vaidade do decisor de sucesso reduz sua percepção das mudanças conjunturais, o que acaba acarretando perda na eficiência do processo decisório, em nível tanto empresarial quanto pessoal.

Cabe, então, aqui, a pergunta: ser um bom decisor significa não errar nunca ou, pelo menos, acertar mais de 50% das vezes? Decerto, o parâmetro para a definição de um bom decisor está calcado na confiança daqueles que lhe entregam a responsabilidade das tomadas de decisão. É uma percepção de grupo; e, quando esse grupo confia na capacidade decisória de dada pessoa, isso é um sinal claro de que estamos falando, naturalmente, de um bom decisor. Mas o que significa essa confiança?

O grupo sempre avalia com base em três grandes variáveis, a saber: história pregressa, competência e consistência de imagem.

FIGURA 2.1: Confiança.

Por *história pregressa* entende-se o passado de sucesso, isto é, o número de decisões acertadas tomadas por alguém, que acabam por gerar confiança e qualificá-lo como um bom decisor. Para fins de ilustração, na área empresarial, podemos utilizar inúmeros exemplos de empreendedores de empresas como Metal Leve, Cofap, Perdigão, Mesbla, entre outras, que tiveram uma história de sucesso, em sua época, como grandes decisores executivos.

O padrão de decisão também está intimamente ligado à *competência* da pessoa. Vale aqui lembrar que competência é uma questão de área; ou seja, ninguém é competente em tudo. Podemos ser competentes no ramo empresarial mas não no esportivo; ter sucesso na política e fracassar na área da psicologia, e assim por diante.

Muitas vezes, entretanto, a própria sociedade acredita que uma pessoa bem-sucedida em determinada área pode sê-lo em outra. Vejamos o caso de Pelé, por exemplo, altamente competente na área esportiva, mas nem tão feliz na política. Ou Emerson Fittipaldi, um grande piloto, de reconhecida competência na área automobilística e habilitado a orientar com sucesso uma escuderia: qual seria a vantagem, no entanto, em pedir-lhe conselhos jurídicos ou médicos? É praticamente impossível transferir sua competência de bom decisor na área automobilística para um campo, talvez, muito mais complexo. Surge aí a questão: já que existe, obrigatoriamente, relação entre competência e área, os grupos incorrem no erro de empregar pessoas de reconhecida competência em determinado campo para tomarem decisões em áreas com as quais não estão muito bem familiarizadas.

Por que pedimos a um artista famoso ou um atleta de renome que opine sobre política, economia ou algo que o valha? É porque acreditamos, inconscientemente, que, já que eles tiveram sucesso como decisores em suas áreas específicas, teoricamente deveriam tê-lo também em outros campos de atividade, o que é uma falácia.

O terceiro vértice do triângulo chama-se *consistência de imagem*, que envolve valores e padrões mentais, referindo-se ao plano interior e à consistência desses padrões mentais e comportamentais em consonância com o plano exterior. Assim, a maneira como o grupo avalia as características do decisor é ao observar se ele é consistente ou não, se há coerência em seus pensamentos, julgamentos e ações. Na prática, isso tudo pode ser resumido pelas palavras honestidade, integridade e sinceridade, no que diz respeito a postura e ação. Fecha-se, assim, o triângulo.

Valeria a pena ainda, na análise desse modelo, levantar a tão discutida questão da história pregressa. Tomemos como exemplo uma moeda que, ao ser jogada para o alto, a fim de decidir alguma questão, tenha apresentado cinco vezes seguidas o mesmo resultado: "cara". A pergunta que nos fazemos é: "Qual será o próximo resultado: 'cara' ou 'coroa'?" A escolha vai depender muito dos padrões mentais de julgamento de cada pessoa.

Do ponto de vista matemático, a probabilidade de resultados "cara" e "coroa" é absolutamente idêntica, 50% para cada. Uma pessoa observadora pode achar que a moeda está viciada e sugerir "cara". Os mais analíticos arriscariam "coroa", pelo fato de esse resultado não ocorrer há algum tempo e isso se opor à lei dos grandes números. Esse tipo de decisão está intimamente ligado aos padrões mentais, à percepção e à consistência de valores de cada indivíduo ou decisor. Em outras palavras, com a mesma base de dados, duas pessoas poderão decidir diferentemente, de acordo com seus valores.

TIPOS DE DECISORES: A TIPOLOGIA ENEAG

No dia a dia das empresas, muitas vezes nos deparamos com comportamentos psicológicos característicos, pertinentes aos tipos de personalidades de colegas, chefes e colaboradores. Assim, o primeiro passo no caminho para ser um bom decisor deve ser dirigido ao autoconhecimento e ao conhecimento das pessoas em seu ambiente, pelo qual podem ser evidenciados os pontos fortes e superadas as inúmeras falhas de cada indivíduo ou equipe.

Entre os vários instrumentos disponíveis para atingir esse estágio de sabedoria interna, destaca-se a Tipologia Eneag – ou o Eneagrama de Personalidade –, idealizada por Don Richard Riso com a colaboração de Russ Hudson. Aqui a descreveremos nos seus aspectos mais voltados ao ambiente de trabalho – relacionamentos, liderança, trabalho em equipe e comunicação.

Na verdade, o Eneag ou Eneagrama (do grego *"ennea"* = nove e *"grammos"* = figura ou desenho) é um antigo sistema de sabedoria, criado há cerca de 2.500 anos, provavelmente no Egito, cujo conhecimento foi mantido em sigilo durante muitos séculos. Ele apresenta um modelo de funcionamento da personalidade humana com base na descrição minuciosa dos mecanismos internos e da antecipação de atitudes e comportamentos em várias circunstâncias da vida.

Formado por nove tipos básicos, identificados por sua característica principal, o Eneag encerra um conhecimento milenar oriental, cujas raízes parecem remontar até 4.500 anos atrás, tendo, inclusive, influenciado a maioria das grandes religiões do mundo. Assim, Pitágoras parece ter sido uma dessas fontes, seja pelos contatos que teve com sábios orientais (como o persa Zoroastro) e com a cabala judaica, seja por ter unido a matemática e a filosofia (seu sistema usava os números de 1 a 9 para explicar o Universo).

Características básicas de cada tipo

Uma das abordagens do Eneag tem seu ponto de partida em uma ideia que vem da Antiguidade cristã: os sete pecados capitais – soberba, avareza, luxúria, ira, gula, inveja e preguiça –, acrescidos de medo e engano, vícios que distorcem a verdadeira natureza humana e trazem vários problemas de relacionamento. Assim, cada um dos tipos carrega uma fixação que deve ser combatida, de modo a possibilitar o despertar espiritual e atingir a felicidade.

Seguem as caracterizações de cada tipo:

Tipo 1 – Disciplinador (*crença: Eu tenho razão*)

- Trabalha em prol da perfeição, com a ideia de que só há *um caminho* certo.
- Pensa e age com correção, promovendo as virtudes do trabalho, da economia, da honestidade, da ética, da responsabilidade e do esforço pessoal.
- Dirige e é guiado por meio de exemplos e de padrões, padrões estes que podem ir se tornando inflexíveis.
- Exerce uma crítica forte sobre si mesmo e se culpa caso não corresponda a seu próprio nível de exigência e também ao dos outros.
- Respeita as regras, a hierarquia e é capaz de dedicar-se arduamente à execução de uma tarefa.
- Em compensação, é detalhista ao máximo, não trabalha muito os relacionamentos, não delega e evita riscos a qualquer preço.
- Evita atuar sem regras e/ou sem estrutura definida.

Tipo 2 – Conselheiro (*crença: Eu ajudo*)

- No trabalho, pratica uma influência indireta, é mais intuitivo e voltado aos relacionamentos interpessoais.
- Orgulha-se de ser necessário e de ser o centro da vida das pessoas, mesmo que em detrimento de seus sentimentos.
- Sente-se apoiador dos outros, mas, de forma contraditória, anseia por liberdade.
- Externa seu *orgulho* na forma de seduzir os outros, participar de grupos exclusivos e exercer o poder indiretamente, por meio de outras pessoas.
- É solidário, prestativo, afetuoso, contributivo e empático, e busca de todas as formas a aprovação dos outros.
- É temperamental e exerce o controle das interações. Associa-se aos que têm poder e influência, e evita os demais.
- Detesta exercer a liderança explícita.

Tipo 3 – Competitivo (*crença: Eu tenho êxito*)

- Mostra-se um vencedor. No trabalho, é eficiente, orienta-se pelos resultados e projeta o futuro sempre com otimismo.
- Compete só quando a vitória está premeditada. Caso contrário, desiste antes, de modo a manter a imagem.
- Sua felicidade vem da imagem (proteção contra a rejeição), do *status* e de bens materiais, indicadores de seu sucesso.
- É capaz de abandonar sentimentos autênticos em favor de um papel social.
- Eficiência, resultados, desafios, sucesso: quer reconhecimento pelo seu talento e desempenho.
- Em contrapartida, desconsidera detalhes, compete por papéis de liderança e poder, é intolerante com as críticas e não assume a responsabilidade em caso de fracasso. Detesta ocupar posições com futuro limitado.

Tipo 4 – Emotivo (*crença: Eu sou diferente*)

- No trabalho, assume os projetos que exijam originalidade ou que envolvam fortes emoções.
- Sente-se diferente dos demais, o que o faz sentir-se único. É impaciente com a mediocridade.
- Sensível, intuitivo e original, tem um profundo senso estético e gosto pela arte, em geral.
- Externa sua *inveja* por meio da competição nos relacionamentos, sentimentos de baixa autoestima e rejeição, bem como pela adoção de atitudes duvidosas para desfrutar bens materiais.
- É sempre atraído pelo distante, o sonho, o difícil de obter. Luta pelo inatingível, mas rejeita-o quando o tem a seu alcance.
- Não aceita tarefas que considere de segundo nível; no entanto, sua eficiência fica atrelada ao seu lado emocional. Detesta exercer atividades burocráticas e rotineiras.

Tipo 5 – Analítico (*crença: Eu percebo*)

- No ambiente de trabalho, valoriza a autonomia, gosta do previsível, tem grande capacidade de síntese e torna-se extremamente produtivo se suas interações forem objetivas e com tempo determinado.
- Anseia pela privacidade, pois apenas ao ficar sozinho consigo mesmo consegue "recarregar suas baterias" após um encontro com outras pessoas.
- Conhecimento é poder: encontra prazer em estudar, descobrir, acumular informações, analisar detidamente as questões.
- Tem hábitos simples de vida, bastando-lhe dispor de um tempo e de um espaço próprio.
- Externa sua *avareza/cobiça* ao não compartilhar ideias e sentimentos e ao preservar seu espaço vital. Separa ação da emoção e gosta de guardar segredos, meios que utiliza para preservar sua intimidade.
- É perseverante, metódico, discreto e muito reservado no seu dia a dia.
- Sua liderança se dá a distância, e trata uma pessoa de cada vez. Não pratica o diálogo e pode ter reações desproporcionais quando do algo o incomoda ou é interrompido.

Tipo 6 – Responsável (*crença: Eu cumpro meu dever*)

- Tem lealdade com todos em quem confia ou que o protegem.
- Identifica-se com causas socialmente corretas.
- Ambíguo em relação à autoridade: ou busca proteção e submete-se a ela, ou rebela-se contra ela.
- Suas dúvidas de confiança e sua ansiedade podem imobilizá-lo para a ação, o que o impede de atingir seus objetivos. Ao recuperar a confiança nas pessoas, modifica-se.
- A desconfiança e a dúvida lhe dão maior discernimento e capacidade de antever problemas futuros.
- Manifesta seu *medo* de vir a ser abandonado ou de que as pessoas não gostem mais dele, por isso se devota a causas sociais que envolvam grupos numerosos (ONGs, igrejas etc.).
- No trabalho, aprecia trabalhar em equipe.
- Em compensação, perde o interesse e se torna lento quando prestes a atingir a meta, até porque se sente ameaçado pelo sucesso, já que acredita que ninguém gosta de autoridade. Não gosta de competição.

Tipo 7 – Animador (*crença: Eu sou feliz*)

- No trabalho, conduz muito bem projetos não rotineiros e sem limites definidos. É muito popular e sabe agir sob pressão. É motivado pela novidade e tem capacidade de aprender rápido.
- Bastante criativo, apresenta ideias e imagens, usa a sedução e a persuasão verbal para convencer pessoas. A implementação, porém, não é o seu forte.
- Persegue seus interesses com confiança, ao supervalorizar suas habilidades, e fica irritado se sua capacidade é questionada ou se lhe dão regras e limites para acatar.
- Apresenta especial talento para descobrir conexões e associações remotas, bem como para análises não convencionais.
- Seu *desejo* pela busca de prazeres, pelas parcerias estimulantes – mas sem hierarquia – e pelas múltiplas opções visam lhe garantir liberdade de ação.

- Otimista, alegre, sincero, de ótimo convívio, está sempre em busca de estímulos e experiências inovadoras. Energia a mil.
- Pode ignorar as necessidades alheias, desconsiderando a autoridade e deixando projetos pelo caminho, sem concluí-los. Detesta a rotina e tudo o que é previsível.

Tipo 8 – Destemido (*crença: Eu sou forte*)

- No trabalho, tende a liderar projetos inovadores e arrojados, manipulando as informações. Estima quem é franco e leal, mesmo que lhe traga más notícias. Abraça as dificuldades em vez de ignorá-las, mas só trará soluções se for envolvido.
- Conhece o nível de lealdade dos colegas e protege seu território cercando-se de informações. Não se importa em quebrar as regras que não o favoreçam.
- Busca ter o controle da situação, sem se preocupar em consultar os demais interessados, o que pode lhe dar a fama de arrogante.
- Quase sempre não mede consequências dos seus atos, especialmente quando é porta-voz de injustiças. Também não é sensível ao *feedback* dos outros e nega as evidências.
- Embora seja irritável e agressivo, é capaz de expor seus próprios sentimentos em um círculo mais íntimo e confiável. Sente-se infeliz se não puder dizer o que pensa.
- Autêntico e enérgico, é comprometido com as causas que considera justas e está sempre em busca da verdade.
- Não delega, é parcimonioso no elogio e pode ser visto como "criador de caso" quando, na verdade, apenas serve de porta-voz para reivindicações que considera justas. Detesta cargos subalternos.

Tipo 9 – Mediador (*crença: Eu sou bom*)

- Sua *inércia* transparece ao se adaptar com facilidade à vida das outras pessoas ou ao ingressar em grupos e causas que não lhe exijam muito compromisso.
- Costuma repetir soluções que já lhe são familiares.

- Pesa todos os lados de uma questão, mas desvia-se, às vezes, do foco. Adia decisões com frequência.
- Em contrapartida, consegue promover mudanças radicais, de forma inesperada.
- Conciliador, coerente, equilibrado e calmo, não sabe dizer "não" nem se separar de pessoas e situações estáveis.
- No trabalho, aprecia receber apoio, dispor de estruturas definidas e de rotinas. Trabalha bem em uma equipe em que não haja grandes conflitos. Busca o consenso e reedita decisões que deram certo.
- É impreciso, entretanto, nas determinações e ordens. Retrai-se diante das dificuldades. Detesta atuar em posições que lhe exijam constantes tomadas de decisão.

Os nove estilos de comunicação

Ao denotar as características dos nove tipos, o Eneag dá uma grande contribuição à melhoria do processo de comunicação interpessoal pela maior tolerância que as pessoas passam a exercer em seus relacionamentos. Tornar a comunicação um mecanismo bem-sucedido também auxilia e melhora o processo decisório.

O que uma pessoa diz é a manifestação do seu pensamento. Assim, alguém que fale lentamente utiliza métodos mentais e níveis de detalhes diferentes dos de alguém que fale mais rápido, embora possam ser do mesmo tipo. Aceitar essas diferenças no estilo de comunicação e respeitar a personalidade de cada um é investir em uma comunicação realmente eficaz. Vamos verificar esses tipos?

Tipo 1 – Disciplinador

Gestos comedidos, volume e ritmo de voz condizente com a autoridade de quem fala sobre o que é correto, esteja em dúvida ou não.

Tipo 2 – Conselheiro

Caloroso, voz modulada, gesticulação, sorri espontaneamente, ouve o interlocutor. Por vezes toca a pessoa com a qual está em contato, o que gera proximidade.

Tipo 3 – Competitivo

Costuma fazer propaganda de si próprio ou de seus projetos. Emprega técnicas de persuasão. Enfatiza suas propostas gesticulando muito as mãos.

Tipo 4 – Emotivo

Vai da mais franca alegria à lamentação, mas, em ambos os casos, dramatiza a expressão dessa emoção. No entanto, sabe escutar seu interlocutor com benevolência.

Tipo 5 – Analítico

Utiliza termos abstratos e gerais. Não demonstra suas emoções. Sorri e gesticula pouco. Guarda distância entre si e o interlocutor.

Tipo 6 – Responsável

Caloroso e muito apegado às pessoas do seu grupo, trata as demais com reserva (ou desconfiança?) e prudência. Evita as reflexões que possam provocar rejeição por parte do grupo.

Tipo 7 – Animador

Gosta de contar histórias e metáforas, bater papos bem-humorados, desde que não enverede para o lado das emoções. É sorridente e gesticula muito. Apegado às pessoas.

Tipo 8 – Destemido

Direto na mensagem, gosta de dar ordens. Levanta o tom de voz, gesticula e fala mais rápido, bem como passa a adotar uma linguagem enérgica, caso seja contestado. Demonstra sua superioridade derrubando as propostas dos outros pela argumentação.

Tipo 9 – Mediador

Evita todo tema que possa causar conflitos ou discordância de opiniões. Sua voz é calma e relativamente pouco modulada. Gesticula pouco. Sabe escutar.

As fontes de estresse

Certas atitudes ou fatos conseguem detonar a estabilidade de cada um dos nove tipos, com maior ou menor intensidade, sendo fonte de estresse e desgaste que devem ser evitados. Cabe, principalmente aos líderes (decisores), observar essas características.

O melhor meio de provocar a ira do **Tipo 1 – Disciplinador** é não ser sério. Para ele, isso significa não fazer o trabalho ou não o fazer com o nível suficiente de qualidade. Suporta mal as críticas e detesta que regras não sejam respeitadas. Geralmente, qualquer tipo de injustiça ou revolta.

O **Tipo 2 – Conselheiro** fica desmotivado quando sua ajuda e gentileza não lhe valem o reconhecimento e a estima a que ele julga ter direito. Quando se sente ignorado ou quando o acusam de egoísmo, o estresse se torna forte demais e pode se transformar em raiva. Fica indignado com quem não leva em conta os fatores humanos.

Já o **Tipo 3 – Competitivo** fica exasperado com as pessoas ineficientes, preguiçosas ou derrotistas que comprometem o seu sucesso. Detesta aqueles que o ignoram ou tomam uma atitude de superioridade diante dele. Fica igualmente pouco à vontade com quem quer se tornar muito íntimo.

O **Tipo 4 – Emotivo** sente-se mal quando suas emoções não são respeitadas. Fica entediado com convenções, regras e procedimentos. Desmotiva-se quando a sensibilidade humana não é levada em conta em um projeto. Perturba-se com as críticas.

A falta de paciência do **Tipo 5 – Analítico** é provocada por explanações confusas, argumentos infundados e raciocínios ilógicos. Fica indignado quando seu saber é contestado e se estressa quando mudanças imprevistas tomam o seu tempo.

O **Tipo 6 – Responsável** se desestabiliza quando é criticado, principalmente por uma pessoa investida de poder hierárquico. A raiva sobrevém quando as regras, os procedimentos, as convenções e os rituais próprios do grupo não são seguidos. O autoritarismo, a falta de lealdade e o não reconhecimento de sua fidelidade e de seu envolvimento o transtornam.

O **Tipo 7 – Animador** enfrenta dificuldades diante de rotina, normas, regras estritas e convenções. O não reconhecimento de seu trabalho, suas ideias e seus planos desencadeia sua raiva, principalmente quando isso fica público e evidente.

A raiva do **Tipo 8 – Destemido** surge perante as pessoas indecisas, ineficientes ou que ele julga fracas. Quando sua autoridade não é admitida ou respeitada, ou quando tentam controlá-lo, impor-lhe obrigações, ele se descontrola. A ausência de franqueza, a injustiça ou os compromissos demorados o exasperam. Repudia o envolvimento emocional.

O **Tipo 9 – Mediador** não gosta que o forcem a tomar uma decisão ou a fazer uma escolha para a qual ele não se sinta preparado. Fica paralisado diante de pressões, autoritarismo e conflitos pessoais. Não suporta críticas, principalmente aquelas feitas de forma agressiva. Evita situações de competição e as mudanças e novidades inesperadas.

As motivações de cada tipo

Ao contrário do que vimos anteriormente, existem situações que despertam as motivações e o empenho de cada tipo. Por terem maneiras diferentes de encarar a vida e o trabalho, obviamente também há o que os torne mais ou menos sensíveis a determinadas propostas ou desafios. Veja agora os aspectos que interessam a cada tipo.

Para o **Tipo 1 – Disciplinador,** tarefas claramente definidas, conectadas a valores fortes e, mais especialmente, que possibilitam mais justiça na empresa ou fora dela são seu principal motivador. Tudo o que permite melhorar a qualidade do trabalho fornecido é bem-vindo. E fica ainda mais motivado quando julga ter a oportunidade de melhorar sua competência profissional.

Já o **Tipo 2 – Conselheiro** se realiza quando a sua obra traz algo positivo para os outros ou a comunidade. É mais eficaz quando a tarefa é útil a um colega do que quando se trata de prestar serviço ao cliente, com quem não pensa ter uma ligação estreita.

O **Tipo 3 – Competitivo** é atraído por realizações que confiram destaque à sua própria imagem e à da empresa. Fica à vontade com a competição. O desenvolvimento de sua carreira, ou o reconhecimento que possa ser mostrado dentro e fora da empresa, é a sua busca constante.

O **Tipo 4 – Emotivo** realiza-se mais quando dá de si uma contribuição pessoal e original. Imagina que seu trabalho deve envolver sua sensibilidade e ter algo de profundo. Acima de tudo, respeita os seres humanos em tudo o que faz e tira daí sua maior satisfação.

As motivações do **Tipo 5 – Analítico** são as tarefas que lhe dão oportunidade de aprender e de utilizar sua inteligência e capacidade de análise. Ele também aprecia determinada forma de competição intelectual. Trabalha no seu ritmo, indo ao fundo de tudo. Aprecia todas as atividades que possa realizar sozinho.

O **Tipo 6 – Responsável** é eficaz ao trabalhar em um grupo constituído de pessoas que julga leais e nas quais confia. A dependência que o motiva também tem definição clara, tanto da estrutura quanto das responsabilidades. É motivado pelas tradições, nas quais encontra fonte de segurança.

Em contrapartida, o **Tipo 7 – Animador** fica motivado quando tem oportunidade de planejar, inovar e criar em um ambiente alegre e entusiasta. Gosta de chamar para si a elaboração de múltiplos projetos desafiadores. Adora gerar ideias e deixar para os outros a realização, o "pôr a mão na massa".

O **Tipo 8 – Destemido** motiva-se mais quando é responsável pelo trabalho a fazer, pelos métodos a utilizar e resultados a obter. Gosta da ação, das situações de risco, em que tem de mudar o mundo, em vez de seguir a corrente. É especialmente eficaz quando a sua energia é empregada a serviço da justiça e da proteção dos fracos.

O **Tipo 9 – Mediador** precisa de paz para prosperar. Seus estímulos são o entusiasmo, o envolvimento, a motivação e a coesão alheia. Gosta de funções e responsabilidades claramente definidas. Fica mais à vontade quando as decisões são tomadas coletivamente.

Assim, conhecidas as características principais de cada tipo – e seus comportamentos mecânicos –, é possível trabalhar esses traços no desenvolvimento de cada personalidade, na superação das suas dificuldades e na incorporação das mudanças que podem ajudar a melhorar os processos de trabalho e, consequentemente, os processos decisórios. Se pudéssemos dar conselhos para cada tipo, seriam os seguintes:

Tipo 1 – Disciplinador

Seja menos perfeccionista, dê mais atenção ao que é positivo e não aos erros; enfim, seja menos exigente com colegas e parceiros, cumprimente-os por seus acertos e ajude-os com propostas e soluções quando erram. Relaxe mais, seja mais bem-humorado e troque ideias sobre assuntos que não sejam de trabalho.

Tipo 2 – Conselheiro

Defina melhor quem precisa de ajuda, veja se está dentro da alçada da pessoa e se ela não teria condições de seguir sozinha. Equilibre o interesse pelas pessoas e o interesse pelo trabalho, estabelecendo prioridades. Procure descobrir as qualidades dos colegas. Policie a comunicação não verbal, pois a expressão excessiva das emoções pode incomodar algumas pessoas e prejudicar a carreira. Aceite ouvir opiniões diferentes das suas.

Tipo 3 – Competitivo

Redefina prioridades e modere o ritmo de trabalho, inclusive das outras pessoas, de forma a evitar o estresse. Invista em projetos mais a longo prazo e não só naqueles que trarão sucesso imediato; ajude e reconheça publicamente o esforço dos outros, em vez de considerá-los sistematicamente concorrentes.

Tipo 4 – Emotivo

Modere a influência das emoções e leve em conta critérios mais objetivos, tais como metas, prazos e qualidade. Adquira a habilidade de apresentar um projeto, uma ideia, seja exprimindo apenas a realidade, seja investindo nele até sua conclusão. Aceite *feedbacks* negativos e procure as razões objetivas que os provocaram.

Tipo 5 – Analítico

Desenvolva relacionamentos, cumprimente os outros e lhes dedique mais tempo. Informe às pessoas quando estará livre para conversar e faça parte de grupos e redes de relacionamentos. Torne-se mais proativo: tome a palavra nas reuniões, participe mais das ações, ofereça-se para resolver pendências.

Tipo 6 – Responsável

Proponha soluções sempre que descobrir erros ou dificuldades potenciais nos projetos dos outros, relacionando primeiro os pontos positivos e mantendo o equilíbrio entre dependência e independência, autoritarismo e falta de participação, cobrança excessiva e delegação sem controle. Faça lista de sucessos, qualidades e competências profissionais, valorizando-a sempre. Tome consciência dos medos, mas não deixe de ir até o fim de seus atos.

Tipo 7 – Animador

Seja mais responsável e realista, estabeleça prioridades nos projetos, pontos positivos e negativos, recursos necessários, *feedbacks* oportunos. Invista em atividades cujo retorno seja mais a longo prazo, preferindo-as aos prazeres imediatos. Modere as reações perante a autoridade.

Tipo 8 – Destemido

Conheça melhor os limites de saúde, nível de energia, definindo as causas que merecem maiores esforços, e reserve tempo para pensar e refletir antes de agir, canalizando a energia e o poder pessoal para ajudar os demais. Fique atento às emoções, de modo a reconhecê-las. Não tente controlar tudo e leve em conta a opinião das demais pessoas.

Tipo 9 – Mediador

Faça lista das tarefas, responsabilidades e decisões que o cargo implica. Divida em partes os projetos mais longos e predefina prazos e resultados. Estabeleça prioridades e as cumpra, de modo a detectar os momentos de indecisão, a tendência a ficar imobilizado ou a se proteger por meio de regras. Aprenda a exprimir o descontentamento e a raiva, dizendo "não!".

TEORIAS SOBRE DECISÃO

Para embasar o conceito do processo decisório, vamos lidar com tipos de pensamento, de decisão e de processo. O diagrama a seguir diz respeito ao pensamento linear.

FIGURA 4.1: Pensamento linear.

Perante uma situação-problema, o decisor leva em conta apenas uma causa como a responsável pela dificuldade e vai, naturalmente, buscar uma única solução. Vejamos o caso da violência urbana, por exemplo. Podemos apontar como sua causa exclusiva a pobreza e achar que, ao erradicar esta última, estaríamos resolvendo o problema.

Complementarmente, temos o pensamento sistêmico:

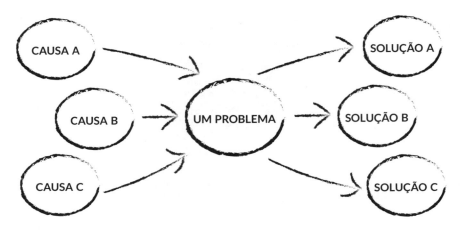

FIGURA 4.2: Pensamento sistêmico.

Diante de um problema, avaliamos as condições externas que o circundam e descobrimos sua causa – na verdade, provavelmente, mais de uma. Nossa ação, no intuito de buscar uma solução, necessitará de pelo menos uma ou mais opções, em que cada uma delas apresentará impactos diferentes, previsíveis ou não. Trata-se de opções que, seguramente, não serão estáveis; isto é, uma vez que se decida por um tipo de caminho, isso resultará em condições e problemas posteriores.

A mudança de uma das partes sempre afeta a outra. Retomemos o exemplo anterior: partindo do fato de que a violência urbana não se deve exclusivamente à pobreza (pois, nesse caso, a Índia seria o país mais violento do mundo), podemos também levantar outras causas, como a formação familiar, o envolvimento com drogas, a competição e assim por diante. Quando se pensa em alguma solução para o problema da violência e se tenta erradicá-lo, isso implica mais custos para o orçamento governamental, mais educação e ainda esbarra em questões familiares. Então, essa solução acaba gerando novos problemas.

Assim, a fim de analisar e solucionar dificuldades nas grandes organizações, o importante é que o decisor não fique preso a uma linearidade extremamente rígida. De acordo com a visão linear, a sequência de pressupostos tem a seguinte forma:

1. Existe uma dificuldade.
2. Ela tem uma causa.

3. Essa dificuldade pede uma solução que ponha fim à causa.
4. É absolutamente factível a avaliação de toda e qualquer alternativa quanto às consequências.
5. Torna-se possível, portanto, selecionar uma solução apropriada para resolver a dificuldade.

Uma vez que as organizações são muito complexas e o contexto decisório é bastante dinâmico, cria-se uma pressão que acaba por introduzir uma série de complicações na questão do pensamento linear e de seus pressupostos. Assim, somos forçados a admitir que há sempre mais de uma dificuldade e que cada uma delas é fruto de várias circunstâncias. Além disso, a solução de cada dificuldade é acompanhada por efeitos que vão além da situação em jogo, e toda e qualquer alternativa tem de ser avaliada de acordo com resultados esperados e inesperados, ou seja, não programáveis. Portanto, a solução é muitas vezes temporária, já que as circunstâncias certamente se modificarão.

Não podemos esquecer, ainda, a ação protelatória, que tem lugar após uma tomada de decisão cuja causa sequer fora identificada. É um meio que o decisor encontra de ganhar tempo, a fim de poder fazer uma análise mais profunda da dificuldade.

Outro aspecto não levado em conta pelo esquema de racionalidade são as pressões sobre quem decide. A decisão racional prevê uma sintonia de interesses que não encontra eco na realidade. As pressões são resultantes das demandas e expectativas de grupos e de particulares com interesses diversos. Toda vez que optamos, estamos satisfazendo interesses e ao mesmo tempo indo contra eles; ao supor que os nossos podem não ser atendidos, encontramo-nos já sob pressão por conta dessa expectativa. Os grupos e as pessoas que tiveram seus interesses contrariados ou beneficiados mobilizam-se para exercer pressão sobre os decisores, de forma que a escolha a ser feita propicie seus objetivos.

Quanto ao aspecto de programação do tempo, as decisões podem ser divididas entre as *programáveis* e as *não programáveis*. As primeiras estão geralmente ligadas à área operacional e à rotina das empresas. São questões que, sabemos, irão se repetir muitas vezes.

Contudo, à medida que subimos na escala hierárquica, passamos a nos confrontar com decisões cada vez mais *não programáveis*. São as decisões estratégicas, que pedem uma visão mais de longo prazo, em um contexto decisório e mais aberto, no qual as situações não são obrigatoriamente repetitivas.

Para Anna Campos (2013), no processo decisório há diferentes níveis que mantêm relações de condicionamento, tanto no sentido descendente (diretrizes) quanto no ascendente (informações de acompanhamento). Dessa forma, decisões elaboradas em termos institucionais e fundadas na estratégia proporcionam as premissas e os condicionamentos para as decisões táticas. A tática norteia as decisões quanto à operação. Temos, portanto, um fluxo descendente, no qual as decisões de determinado nível influenciam aquelas do nível diretamente abaixo.

Dentro da classificação das tipologias de decisores, podemos contemplar ainda dois tipos, no tocante ao número de pessoas que fazem opção pela decisão. Podemos ter as decisões individuais, aquelas de foro íntimo, e as coletivas, que envolvem mais de um decisor, como ocorre em organizações, comitês, tribunais e partidos políticos.

Quanto à biotipologia, os processos decisórios podem ser classificados como racionais ou intuitivos. Vale a pena lembrar que o próprio corpo humano tem uma bilateralidade cerebral, na qual existem funções distintas nos hemisférios direito e esquerdo. Este último é racional, analítico, e abriga em seu interior a noção de tempo. A ele competem as decisões de cunho prático, repetitivo e programável. Já o hemisfério direito é sintético, criador, e inexiste a noção de tempo em seu interior.

Como já foi dito, as decisões de rotina, ou programáveis, são mais facilmente resolvidas com base nos processos racionais, ou seja, no hemisfério esquerdo. Por outro lado, quanto mais complexo e mais abrangente for o cenário, quanto mais a curto prazo for o tipo de decisão, mais os métodos racionais e analíticos se tornarão, provavelmente, muito demorados e/ou custosos. Esse é o motivo de se adotar o método intuitivo como mais vantajoso nesses casos.

Um bom exemplo disso é que, por mais complexas que sejam as modelagens disponíveis, hoje, no que se refere a previsão de bolsas, é praticamente impossível prever como uma operação de um banco malsucedido em Cingapura vai quebrar um banco de Londres e repercutir na cotação das ações no Brasil. Mesmo que houvesse condições de se fazer essa modelagem, o tempo e o custo implicados nesse sentido praticamente inviabilizariam o processo. A esse nível, um astrólogo que diga "Meu amigo, não invista na bolsa hoje" torna-se quase tão eficiente quanto qualquer outra pretensão de modelo computadorizado.

Um bom decisor deve tentar desenvolver os dois processos: o racional e o intuitivo. A vantagem do primeiro é a possibilidade de fazer uma análise a fundo, o que facilita muito a implantação de decisões, e, a partir disso, possibilitar também a democratização da informação. Já no segundo processo, as intuições são individuais, além de nem sempre serem repassáveis ou poderem ser repetidas.

Além disso, para desespero dos tecnocratas da informação, a maior parte das pessoas se vale muitas vezes apenas de opiniões baseadas em seus valores ou nos de terceiros, fugindo da área totalmente racional. Não queremos negar os sistemas de informação e métodos racionais, mas, em um ambiente holístico, isso significa que não podemos negar Descartes nem lhe fazer uma apologia exclusiva.

E você? É mais intuitivo ou racional ao tomar uma decisão? Vamos testar?

Neste teste extraído do livro *Prosolve* (DINSMORE; JACOBSEN, 2008), responda a questão, preferivelmente, escolhendo para cada uma das opções "a" ou "b" um peso entre 0 a 5, em que 0 significa que você discorda totalmente, e 5, que você concorda totalmente. Lembre-se, contudo, de que a soma das opções deve resultar em 5; por exemplo, se para determinada opção "a" foi atribuído o valor de 3, para "b", obrigatoriamente, deve-se designar o valor de 2.

Eu prefiro...

1A Ficar sozinho, com meus pensamentos.
1B Interagir com pessoas; estar com elas.

2A Que eu seja considerado um sujeito imaginoso e intuitivo.
2B Que eu seja considerado prático, preciso e voltado para a realidade.

3A Tirar conclusões por meio da análise lógica de um problema.
3B Ver as situações do ponto de vista do que sinto e acredito sobre as pessoas.

4A Planejar à medida que as necessidades forem aparecendo.
4B Planejar com antecedência, com base em previsões existentes.

5A Obter as informações das pessoas e decidir imediatamente.
5B Conversar antes com os envolvidos, refletir e resolver o problema depois.

6A Tornar efetivos os planos detalhados e elaborados com precisão.
6B Imaginar e desenvolver planos sem necessariamente executá-los.

7A Aplicar-me na análise de situações-problema.
7B Vivenciar situações, discussões em grupo, participar.

8A Evitar prazos e compromissos rígidos.
8B Estabelecer uma programação e ater-me a ela.

9A Analisar detalhadamente os fatos, as situações ou os problemas sozinho e depois compartilhar minhas conclusões com os demais.
9B Discutir um problema em grupo, com as pessoas envolvidas no assunto.

10A Questões abstratas e teóricas.
10B Questões concretas, reais e objetivas.

11A Pessoas lógicas, articuladas e sensatas.
11B Pessoas emotivas, sensíveis e até originais.

12A Iniciar reuniões quando todos tiverem chegado e estiverem confortavelmente instalados.
12B Iniciar reuniões no horário estabelecido.

13A Usar métodos já testados e efetivos na realização de tarefas.
13B Pensar em criar um novo método para realizar as tarefas.

14A Ajudar os outros a usar seus sentimentos.
14B Auxiliar as pessoas a tomar decisões lógicas e sensatas.

15A Imaginar possibilidades, fantasiar alternativas, mesmo que não funcionem.
15B Lidar com realidades, fixar-me nos fatos.

16A Ser livre para fazer as coisas no impulso do momento.
16B Conhecer bem e antecipadamente o que é esperado de minha pessoa.

Agora marque os pontos em cada resposta, nas colunas a seguir. Depois some o resultado de cada coluna:

HEMISFÉRIO ESQUERDO (HE)		HEMISFÉRIO DIREITO (HD)	
1A		1B	
2B		2A	
3A		3B	
4B		4A	
5A		5B	
6A		6B	
7A		7B	
8A		8B	
9A		9B	
10A		10B	
11A		11B	
12A		12B	
13A		13B	
14A		14B	
15B		15A	
16B		16A	
TOTAL (HE)		TOTAL (HD)	

Note bem: Os totais HE e HD têm de somar 80!

Avaliação do teste

Se você obteve:

- **De 0 a 19 pontos no HD**, você é extremamente racional.
- **De 20 a 35 pontos no HD**, você é mais racional que intuitivo.
- **De 35 a 45 pontos no HD**, há equilíbrio entre o racional e o intuitivo.
- **De 45 a 60 pontos no HD**, você é mais intuitivo que racional.
- **Acima de 60 pontos no HD**, você é extremamente intuitivo.

É óbvio que o equilíbrio no uso dos dois hemisférios ajuda para que as decisões sejam mais sensatas, mas outras avaliações são possíveis. Por exemplo, quando são necessárias decisões programáveis, usar o hemisfério esquerdo – isto é, ser mais racional – pode tornar a decisão mais rápida. Já em decisões complexas, usar o hemisfério direito – ou ser mais criativo – vai auxiliá-lo a ser mais eficiente.

Assim como as pessoas têm formas diferentes de pés e dedos, elas também possuem diversos tipos de personalidade e "estilo" de apreender a realidade, analisar e solucionar problemas. Então, da mesma maneira que o formato do pé de uma pessoa não é certo ou errado, o estilo de ninguém pode ser analisado dessa maneira. O propósito do teste é dar-lhe um quadro do tipo de sua preferência de trabalho mental.

ERROS DE DECISORES EXTREMISTAS

Em suas atividades de decisão, os administradores precisam trilhar uma tênue linha entre decisões arbitrárias e mal concebidas, usando a intuição exclusivamente. Por outro lado, há uma paralisia por excesso de análise, em razão de uma obsessão prejudicial por números, análises e relatórios. Alguns autores identificam três tipos de situações que levam à análise excessiva e outro trio que leva a análises insuficientes. Incentivando os administradores a serem mais ou menos analíticos, é improvável que se resolva o problema. Atividades decisivas são um complexo ato de equilíbrio que requer frequente diagnóstico e realinhamento.

Velhas fórmulas de gerenciamento se tornam ultrapassadas e são repostas por novas, porém a mensagem básica é geralmente a mesma: a análise formal – o estudo sistemático dos debates – pode ajudar as organizações a tomarem melhores decisões. Essa hipótese é apoiada por uma extensiva literatura em psicologia cognitiva que mostra que julgamentos humanos despreparados são frequentemente falhos.

É comum que administradores precisem percorrer os extremos entre dois erros implacáveis: de um lado, decisões arbitrárias e mal concebidas, feitas sem estudos sistemáticos e reflexões, chamadas de "extinção por intuição"; e do outro lado, um afastamento para a abstração e conservação que realça a obsessão por números, análises e relatórios e pode levar à "paralisia por análise", à não ação.

Uma justificativa para tais erros é a falta de uso da análise formal, que depende de estilos cognitivos – atitudes individuais e preferências por pensamento analítico ou intuitivo. Nesse caso, a "paralisia por análise" será sempre associada a pessoas que são naturalmente hábeis com números, ao passo que o oposto "extinção por intuição" será associado com administradores impulsivos e estilos cognitivos instintivos.

E por que utilizar a análise formal? Para examinar seu uso, é importante o entendimento da extensão dos motivos. Definimos quatro princípios dos propósitos por trás da análise: informação, comunicação, direção/controle e simbolismo.

1. INFORMAÇÃO

Informação substitui a incerteza. As informações reunidas podem ser vantajosas quando as pessoas usam a análise para ajudá-las a refletir sobre uma questão.

2. COMUNICAÇÃO

Pessoas geralmente iniciam a análise formal quando têm algumas dúvidas, mas também podem usar a análise para fazer suas opiniões conhecidas ou persuadir outros.

3. DIREÇÃO/CONTROLE

Administradores algumas vezes iniciam uma análise para resolver um problema ou implementar uma decisão. Eles delegam aos subordinados, um funcionário, um consultor ou uma força-tarefa a produção dos relatórios, geralmente com prazos específicos para produzi-los.

4. SIMBOLISMO

A análise formal pode simbolicamente levar à racionalidade, ao interesse e à disposição para agir, mesmo quando, na realidade, o iniciador da análise é, ao mesmo tempo, impotente ou indiferente à questão. A análise também adia decisões, consome energia que precisa ser redirecionada ou, de certa forma, ocupa as pessoas.

Desse modo, a análise formal será menos necessária se as pessoas puderem executar suas próprias decisões e ninguém tenha de convencer ninguém a nada. Na realidade, o poder decisório mais estratégico é dividido entre pessoas que, muitas vezes, não conseguem confiar umas nas outras: uma análise mais formal pode se tornar importante nesse momento. Quando usada para reunir informações, pode ajudar a determinar e aumentar a substância da decisão, diretamente. Contudo, isso também pode ajudar a ligar as decisões individuais e criar decisões organizacionais por meio da comunicação, direção e controle, e simbolismo. Quando diferentes membros da organização não têm necessariamente os mesmos objetivos ou as mesmas fontes de informações, a análise ajuda a aumentar o poder das decisões, assegurando que as ideias sejam completamente debatidas e verificadas, e que os erros na proposta sejam detectados antes da implementação.

DECISÃO E INFORMAÇÃO

Passemos novamente ao processo decisório. Antes de tudo, vale a pena lembrar que a informação, dentro do método racional, é a base da decisão e o ingrediente fundamental do processo decisório. Não podemos, contudo, confundir informação com dados. Esses últimos são fundamentalmente insumos básicos, sem maior significado ou utilidade. Uma vez que se consiga compilar, cruzar e chegar a um grau qualquer de configuração desses dados, sob forma organizada, obtém-se o ponto de partida para a decisão. Informação significa, portanto, dados devidamente trabalhados.

A utilidade de uma informação está intimamente relacionada à contribuição que ela confere à qualidade das decisões. Segundo Anna Campos (2013), a primeira característica de uma informação útil diz respeito à *qualidade* – ela deve ter um mínimo de consistência e conteúdo para que possa permitir ao decisor tomar algum tipo de decisão. Por exemplo, suponhamos que você esteja dirigindo por uma cidade desconhecida, para visitar um amigo que há muito tempo não via mais e que esteja tendo dificuldades para encontrar o endereço. Ao perguntar a um pedestre que avista na rua, ele lhe diz, simplesmente: "É só seguir toda a vida!" Ora, seguir em frente até quando? A falta de especificidade na informação dada torna-a falha, ou seja, sem qualidade.

A segunda característica apontada pela professora refere-se à *adequação*, que deve estar voltada para a questão a ser decidida. É como quando se está em uma reunião de trabalho e alguém subitamente manifesta-se, no meio da discussão, com um assunto completamente diferente do que está sendo proposto. Por mais que seja uma informação relevante, de forma geral, o momento não é adequado para se tratar dele.

A terceira característica ideal de uma informação útil é ser *oportuna*, existir no momento e no tempo certo, nem antes nem depois. Se ocorrer muito antes, perde o valor; se for muito depois, não tem mais valia. Suponha, para exemplificar, que você perdeu suas chaves de casa. Você pergunta a seu filho se as viu, e ele diz que não. Depois de terem sido feitas outras cópias, ele se lembra de que as havia deixado escondidas embaixo do tapete. Enfim, a informação perdeu a validade e deixou de ser oportuna.

Temos, ainda, a *clareza*, o que significa que as informações devem ser inteligíveis para quem for utilizá-las. Em uma situação hipotética, você tem uma empregada doméstica que é semianalfabeta. Digamos que, em determinada situação, ela atende o telefone para você, mas não consegue escrever o recado com clareza e se confunde ao tentar lembrar o nome de quem ligou. A informação que você tem, portanto, é imprecisa, não é clara.

Outro aspecto importante na análise de uma informação está relacionado à *relatividade*; ou seja, se há um número absoluto sem qualquer padrão de referência, ele não irá se prestar como apoio para o decisor. Parece difícil compreender, mas usemos um exemplo bem simples. Dois amigos do sul do Brasil estão animados com o novo negócio de distribuição de chá--mate para chimarrão, pois, segundo eles, todo mundo consome a bebida. Sabe-se, no entanto, que o chimarrão, no Brasil, é consumido exclusivamente por sulistas, sendo tão raro nas outras regiões a ponto de haver uma maioria que nunca tomou e que talvez mal saiba de que é feito. Isso torna a informação dos amigos, portanto, extremamente relativa.

E, por fim, vale lembrar que toda informação tem um *custo*; portanto, na hora de montar algum sistema de coleta de informações, é necessário que se contemple o custo dessa coleta com relação ao benefício na parte da decisão. Faria sentido, por exemplo, realizar uma pesquisa de mercado para comprar uma caixa de fósforo? Como se trata de um produto, de maneira geral, tão barato, o tempo e o desgaste não valeriam a eventual diferença de custo.

FIGURA 6.1: Os pré-requisitos de uma informação.

Ao se discutir um sistema de processo decisório, é inevitável começar por uma análise do sistema de informações, a fim de utilizá-lo como fator de redução de incerteza e de planejamento. Nessa análise, é preciso, em primeiro lugar, levar em conta que dado não é informação, e sim sua matéria-prima básica. Ao ser devidamente processado e correlacionado, ele vai gerar informação, que é a matéria-prima do processo decisório. Quanto maior a exatidão na montagem de um sistema de informações, mais precisa se tornará a base desse processo.

Em geral, as empresas dispõem de muitos dados, mas pouca informação. O valor desta depende sempre do cliente, que é quem vai decidir, e está intimamente atrelado ao fator tempo e ao estresse, justamente onde reside a essência do valor da informação. Ela, por si, sem um cliente específico, é apenas uma reserva bruta de baixo valor. Seu préstimo será definido pelo decisor conforme o teor da decisão, urgência de tomada, aplicabilidade da informação e alternativas disponíveis.

De acordo com a Figura 6.2, podemos perceber que o grau de estresse aumenta gradativamente até chegar ao pico máximo, ou seja, o ponto de decisão; e então vai a zero em queda livre. Além disso, o valor da informação que vai compor o processo decisivo depende do tempo de intervalo entre a informação e o momento em que ela será utilizada. Vamos supor, por exemplo, que alguém diga que tem a sequência de seis números que vão valer a Mega-Sena da virada de ano, e a revelará mediante pagamento de certa quantia em dinheiro. Se essa informação lhe for dada dois meses antes, vai ser tempo suficiente para deliberar, desconfiar da veracidade da informação e, possivelmente, desistir ou perdê-la para alguém que decida mais rapidamente. Por outro lado, se lhe for oferecida dois dias antes da divulgação, o mais provável será que, por ter menos tempo para analisar, você ceda à ousadia e feche o acordo. No entanto, finalmente, se a informação for oferecida nem que seja um minuto após a divulgação, ela passará a valer nada mais, pois a sequência já terá sido divulgada e conhecida por todos.

FIGURA 6.2: O valor de uma informação.

Desde os tempos de Maquiavel, passamos a sobrevalorizar a informação. Com o advento da internet, nos tornamos mais ricos que nunca de informações; no entanto, nem por isso estamos decidindo melhor. Muitas vezes, escolher quais informações, entre um amontoado, são relevantes para a decisão já se torna um grande problema.

No momento de se configurar informações para um processo decisório, é preciso ter certeza de que se trata de um sistema vivo. Isso porque as decisões tomadas hoje, se adiadas para a próxima semana, necessitarão talvez de outra base de dados e informação. É um processo essencialmente dinâmico, em que atitudes centralizadoras dificilmente obterão sucesso.

Fala-se muito em *data warehouse*, que é um banco de dados centralizado, utilizado pelo usuário para fazer suas correlações e análises, como se fosse um supermercado de dados. A necessidade e a validade de cada informação será auferida pelo tomador de decisão, que deverá estar familiarizado com essa nova tecnologia. Compete ao "gerente do supermercado" disponibilizar o acesso e a alocação dos insumos (dados) de maneira conveniente e atualizada.

Ao se analisar um sistema corporativo de decisões para processo decisório, identificaremos quatro grandes subsistemas, a saber: o Ambiental, no qual se podem coletar informações sobre o macro e o microambiente; o de Pesquisa, que auxilia na organização desses dados e na busca de outros específicos; o Interno, que se refere a dados passados e internos da organização; e o de Análise e Inteligência, que transforma, por fim, dados em informações. Tudo isso é levado, naturalmente, ao nível do conhecimento do decisor, para decisão dentro de sua *Escala de Valores*.

Dentro do objetivo do processo decisório, a função de planejamento é cada vez mais importante, porque propõe uma diminuição da incerteza diante do futuro, já que todas as decisões estão ligadas ao fator tempo. Como seres vivos, boa parte de nossas decisões está atrelada à questão do futuro, isto é, de como moldá-lo. Isso implica saber que a variável tempo pesa e acaba por ser determinante em boa parte das decisões.

Observemos, então, os métodos racionais de decisão.

- Crença subjacente: a decisão ótima é possível, desde que se substitua a emoção pela razão, ou seja, a partir do momento em que as escolhas se apoiem em métodos e técnicas científicos.
- Podem ser mecanicistas (base matemática) ou determinísticos (base estatística).
- Refletem um conceito de racionalidade desenvolvido pela economia clássica: melhor uso possível de recursos escassos com a máxima utilidade.
- Máxima utilidade supõe um conjunto de decisões essenciais:
  1. o decisor tem perfeito e completo conhecimento de todos os fatores relevantes para a situação de escolha;
  2. o decisor tem habilidade de construir uma escala de preferência de acordo com a utilidade esperada traduzida em termos monetários;
  3. o decisor tem condições de escolher a alternativa que maximize a utilidade.

- As suposições da máxima utilidade são bastante difíceis de se confirmar no nosso cotidiano. O conceito passa a ser uma ficção teórica porque:
  1. a maioria das decisões não é perfeitamente informada;
  2. o ato da escolha afeta geralmente mais de um objetivo, não sendo a prioridade entre eles uma questão técnica nem uma solução definitiva;
  3. nem todos os objetivos são traduzíveis em utilidade no sentido econômico;
  4. nem *todos* os decisores maximizam *sempre* (racionalidade limitada – busca do satisfatório).

O processo decisório advém da necessidade de se resolver algum tipo de problema, partindo da premissa de que teremos de defini-lo antes de tudo. Esse simples fato já representa, aliás, praticamente 50% de uma provável solução. A partir daí, obteremos dados e informações para podermos fazer uma análise. Com base nela, dentro do possível, será formulada uma série de alternativas, dentre as quais, por fim, uma será escolhida para determinar algum tipo de ação, visando à solução.

É importante notar que estamos vivendo em ritmo de novo milênio, época na qual os decisores são muito incentivados a usar os métodos racionais. Vale a pena lembrar também que, em termos práticos, todo o aprendizado humano da civilização ocidental, nos últimos quinhentos anos, baseou-se em uma dicotomia, ou seja, aprendemos a distinguir o que é claro e escuro, calor e frio, bem e mal. Isso nos permitiu chegar à identificação de entidades opostas. Só que hoje em dia, cada vez mais, o que se observa é que não existe frio nem escuridão, e assim por diante. O frio, dentro do conceito físico, é a ausência de calor, assim como a escuridão é a ausência de luz, e o mal, a ausência do bem. Na realidade, estamos tratando de uma única coisa, uma única entidade. Assim, o momento pelo qual estamos passando é de integração e síntese.

É aí que passa a valer a noção dos métodos não dicotômicos, mais intuitivos. Vivemos, portanto, o momento de questionar uma série de assuntos que eram considerados verdadeiros paradigmas. Um bom exemplo para ilustração desse tópico é o do balde de tinta branca. Se pusermos nele uma gota de tinta preta e mexermos, para qualquer pessoa que o veja após misturado, ele continuará a ser um balde de tinta branca. Entretanto, já é uma tonalidade de cinza muito claro. À medida que se adicionar mais tinta preta, ele se tornará cada vez mais cinza, a ponto de isso se tornar visível e perceptível. Vai chegar um momento em que haverá tanta tinta preta, que a branca não será mais percebida. Naturalmente, teremos a ideia de que se trata de um balde de tinta preta quando, na verdade, é uma tonalidade de cinza extremamente escura.

O momento atual demanda síntese e integração de partições realizadas nos últimos quinhentos anos. Aqueles que melhor realizarem essas etapas disporão de uma base decisória muito mais ampla e completa, diante da adversidade com que nos defrontamos.

7

O PROCESSO DECISÓRIO INDIVIDUAL

O objetivo deste capítulo é analisar como o indivíduo, isoladamente, processa suas decisões. Existe uma premissa, base de todo este capítulo: só mudamos porque precisamos, e não porque desejamos, ou seja, existe uma resistência natural dentro de nós à mudança. As transformações só ocorrem com base na necessidade. Além disso, temos uma crença natural na segurança – idealizamos um emprego duradouro, um casamento para o resto da vida, felicidade e saúde enquanto vivermos, e assim por diante. A cultura dos dias de hoje, que tem impacto no processo individual, valoriza extremamente a segurança. Temos muito medo de perdê-la. Mais adiante, veremos que todo processo decisório parte de uma ideia de perda.

Passemos agora às mudanças no plano individual. Para tal, utilizaremos questões do tipo sair ou não do emprego, terminar ou não o casamento. O processo começa no primeiro quadrante da Figura 7.1.

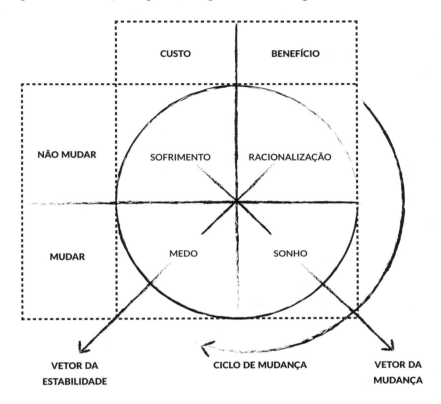

FIGURA 7.1: O ciclo da mudança.

Utilizando como base de exemplificação as situações hipotéticas citadas no parágrafo anterior, neste primeiro quadrante notamos que existe um custo em não mudar; portanto, surge uma necessidade de mudança. Se o problema é o emprego atual que não está sendo satisfatório, esse incômodo vai levar a um desejo de mudança, que por ora é apenas uma ideia sem amadurecimento. Já se for o casamento, vai ser no momento em que o indivíduo percebe que não está sendo mais feliz e que sente falta de alguma coisa. Dessa forma, o primeiro quadrante, estágio inicial do processo de mudança, será marcado pelo sofrimento.

Logo a seguir, no segundo quadrante, acontece uma racionalização em que se avaliam os benefícios de *não mudar*, as vantagens do estado presente. Bem ou mal, aquele emprego ou o casamento tem seus pontos positivos: o serviço é enfadonho, e o salário não é tão alto como deveria ser, mas ao menos pagam em dia; já em relação ao casamento, principalmente se houver filhos, a separação acarretaria um desconforto que afetaria outras pessoas além do próprio casal, que também sofreriam com o fim do relacionamento. Todas essas ponderações levam, naturalmente, a uma acomodação que afastará a ideia de mudança, a ser retomada somente na fase seguinte.

O indivíduo entra em conflito novamente quando a vontade de mudar ressurge no terceiro quadrante, a fase do sonho. Ela é símbolo, principalmente, do surgimento da oportunidade de mudar, que ocorre, por exemplo, com a possibilidade de se abrir um novo negócio ou o início do processo seletivo daquela empresa dos sonhos. Ou, no caso do relacionamento, se o indivíduo conhecer uma pessoa que lhe desperte o interesse e o sonho da paixão perfeita – daí a nomenclatura do quadrante. Entretanto, esse novo ânimo corre perigo quando começa a próxima fase.

Quando, finalmente, a pessoa ingressa no quarto quadrante, em que passa a avaliar os custos – ou seja, os riscos – do estado futuro e da mudança, essa fase vem caracterizada pelo medo. A deliberação vem carregada de pequenos e grandes receios, que funcionarão como obstáculos no caminho da decisão pela mudança.

Contudo, o esquema dos quadrantes de fases mostra-se cíclico. Depois que a pessoa alcançar a fase do medo, o que a faz retroceder ante a decisão de mudar, ela logo sentirá novamente o sofrimento pela estagnação e a *não mudança*, pois a realidade em que está inserida encontra-se muito longe do desejado. A pessoa vai, então, fazer uma reavaliação do primeiro quadrante, passar novamente para o segundo, o terceiro, o quarto, quantas vezes for necessário até que possa, enfim, decidir.

É bom que se observe, ao analisar detalhadamente esses quadrantes, que existem dois deles (o primeiro e o terceiro) que se referem à mudança. São aqueles ligados ao sofrimento e ao sonho, respectivamente. Por outro lado, o segundo e o quarto quadrantes são marcados pela racionalidade e pelo medo, que evitam a mudança. Assim, podemos traçar dentro desse modelo um vetor relativo ao primeiro e terceiro quadrantes, o Vetor da Mudança. No segundo e quarto quadrantes teremos outro, o da *não mudança*, que chamaremos de Vetor da Estabilidade. Analisando o processo em sentido horário, veremos que esses vetores são alternadamente colocados à disposição do decisor: ora queremos mudar, ora não o queremos mais. Essa dualidade provoca no decisor um estado de estresse e conflito, que será melhor analisada na Figura 7.2.

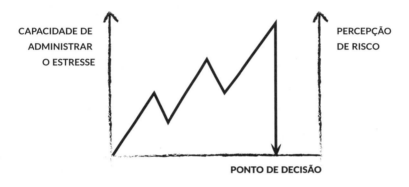

FIGURA 7.2: Decisão e estresse.

Na Figura 7.2, pode-se avaliar em que momento o decisor tomará a decisão, dado o ciclo *mudança-não-mudança*. É fácil observar em um dos lados, na abscissa, o fator tempo; e na ordenada, à esquerda, a capacidade de administrar o estresse. À direita, temos a percepção de risco. Todo o processo é uma sucessão de picos, um sobe e desce, mas geralmente em uma ascendente.

Por exemplo, peguemos o processo de mudança de emprego. Há situações em que existe o conflito (quando desejamos mudar) e outras em que nos acomodamos à situação presente. Isso até chegar o momento no qual não será mais possível tolerar o impasse, quando resolveremos, portanto, assumir o risco da decisão.

O ponto de decisão está ligado a dois fatores: a avaliação de risco e a capacidade de conviver com o conflito. A avaliação de risco é uma função interna, ligada basicamente à experiência e à própria maturidade.

Quanto mais vivemos, mais nos tornamos experientes, e podemos avaliar melhor a complexidade da realidade que nos cerca e perceber um grau maior de risco. Isso ajuda a explicar por que os jovens são mais impetuosos, decidem mais rápido, enquanto os mais velhos e experientes mostram-se mais ponderados.

Quanto à capacidade de conviver com o conflito, as pessoas menos estruturadas ou propensas a lidar com o estresse serão, certamente, as primeiras a tomar decisões. Em suma, quanto menos tolerarmos as situações de estresse, mais rápido será nosso ponto de decisão. De posse desse modelo, pode-se afirmar que só mudaremos o padrão decisório de alguém se conseguirmos envolvê-lo em uma menor percepção de risco ou fazer com que administre melhor o estresse inerente à tomada de decisão.

Tudo isso implica mexer com valores (sejam eles mentais, morais ou espirituais) que terão grande influência sobre esse ciclo anteriormente apresentado. Outro ponto importante é que o estresse vai aumentando até se tornar insuportável. Nessa hora, o decisor resolve efetivamente assumir as rédeas juntamente com os riscos que acompanham a tomada de decisão. E no instante em que decide, mesmo que isso se dê apenas no plano mental, sem nenhuma ação física, o estresse retorna ao ponto zero.

A tensão que vinha sendo acumulada no processo decisório é, então, eliminada. Podemos dizer, portanto, que decidir é basicamente uma luta contra o estado de estresse e tensão *versus* risco. Essa percepção de risco está intimamente ligada a um sistema de informação que obtemos do ambiente externo e que é confrontado com os valores internos. Quanto à questão de administrar o estresse, ela está relacionada aos padrões físicos, éticos, espirituais, morais e mentais.

Em um processo decisório difícil, quando uma pessoa toma uma decisão, chega a ser fisicamente visível que ela fica mais leve e aliviada após ter feito uma opção, mesmo que esta não tenha ainda sido posta em prática.

DECISÃO: CRENÇAS E PARADIGMAS

Vamos falar agora da importância da mudança dos padrões mentais, tecendo algumas considerações sobre nosso processo cognitivo. Todo o conhecimento humano – ou tudo aquilo que chamamos de realidade – se baseou nos sentidos e na percepção que temos do ambiente que nos circunda. A própria ciência, dentro de seu princípio de negação, desenvolve-se à medida que fatos e fenômenos podem ser atestados – ou seja, até que se prove o contrário, eles simplesmente não existem.

Outro aspecto interessante é que nossa educação foi fundamentada em uma dicotomia, em um processo cartesiano e analítico, com cerca de quinhentos anos, no qual aprendemos claramente as diferenças com base nos opostos. Estas se tornam referências, que acabam se transformando em conceitos. Durante a vida, somos obrigados a optar por um desses conceitos, abandonando outros, o que gera uma escala de valores: o correto é fazer o bem, devemos ser belos, inteligentes, e assim por diante.

Conforme estudamos e aprofundamos essa dicotomia, amplia-se nosso processo cognitivo, até chegarmos à conclusão de que essas dualidades aparentes não existem na forma em que nos são apresentadas. Na realidade, o ambiente que nos cerca é uno; o que acontece é que analisamos um mesmo fenômeno sob óticas diferentes. Por exemplo, ao analisarmos o quente e o frio, de acordo com a física, observamos que não existe o conceito de frio (ele nada mais é que a ausência de calor).

Outro aspecto interessante dentro do processo de cognição é que temos uma noção linear do tempo. Reconhecemos o *hoje*, o *amanhã* – aquilo que está à frente e com o qual sonhamos – e o *ontem* – marcado por lembranças, recordações e ligado ao passado. No que se refere a processo decisório, só podemos executar a mudança em um único estado: o presente. Não é possível realizar mudanças no passado e muito menos no futuro. Cada vez mais, portanto, torna-se importante entender que tudo o que somos hoje é resultado de decisões e ações empreendidas no passado, e que nosso futuro depende de decisões e ações tomadas no presente.

Em suma, compete apenas a nós mesmos o caminho que trilharemos em direção ao futuro, em nível decisório. Vejamos, como exemplo, alguém que esteja cursando uma faculdade: um aluno está assistindo àquelas aulas "intermináveis" na sua cabeça, no entanto, a conclusão do curso já é uma realidade enquanto objetivo. Sem esforço, atenção e disciplina, dificilmente ocorrerá a concretização dessa meta.

Toda decisão surge primeiro no plano mental para depois ser executada no plano real. O que chamamos de realidade é apenas uma percepção dela, e tudo o que existe no plano material teve uma existência apenas mental em um estágio anterior. Tomemos o exemplo de um prédio, que, antes de ter sido colocado o primeiro tijolo para sua construção, já existia na mente do arquiteto. Ao transformar sua ideia em uma planta, ele apenas democratizou a comunicação com recursos visuais, permitindo que alguém executasse seu plano mental para concretizá-lo em termos materiais. É importante, assim, que cada vez mais trabalhemos nossos planos mentais para melhorar os padrões decisórios.

A decisão sempre antecede a ação. Somos exatamente o que decidimos, e entramos em choque com nosso lado determinista, o qual nos torna uma vítima da fatalidade ou do destino. A diferença se dá com base em decisões e posturas mentais, adotadas por decisores em momentos de crise e mudança. Voltando ao exemplo da faculdade, certamente, no decorrer do seu curso, aquele aluno se defronta com provas, testes e cobrança de frequência. Aqueles que acharem por demais difícil encarar tais situações, mesmo diante das possíveis vantagens de uma graduação, provavelmente acabarão abandonando a faculdade. Os que perseverarem e continuarem acreditando na importância do diploma e do conhecimento serão capazes de sacrificar suas horas de lazer em nome daquele objetivo. Com isso, reforça-se o conceito da relação *custo-benefício* e ressalta-se a importância da estrutura do decisor.

É bom que se diga também que os padrões mentais atuam exatamente como uma liga. Do mesmo modo que nos metais existe uma liga, dentro do indivíduo há uma estrutura. Conforme a natureza desta, teremos um comportamento e um tipo de padrão decisório. Na metalurgia existe um termo técnico denominado "tenacidade", que qualifica o seguinte: uma mola helicoidal não é apenas um arame espiralado; se a comprimirmos, ela voltará a seu formato natural assim que a soltarmos, e mais, passará por um estado maior do que estava quando comprimida. Se pegarmos apenas um arame espiralado e o pressionarmos, teremos apenas um arame amassado. Tenacidade, enquanto característica de uma estrutura do decisor, refere-se à capacidade de *querer*, tirar forças em um momento de crise para enfrentá-la. Essa propriedade de "tenacidade" deve ser cada vez mais desenvolvida na cabeça dos decisores, no sentido de se tirar partido das crises e pressões para conquistar espaços e condições melhores do que se tinha anteriormente.

Quando falamos do processo decisório quanto a liga e tenacidade, é importante analisar de onde vem essa ideia. Essa tenacidade psicológica, ou *flexibilidade*, será um resultado da estrutura do ego de cada um – entendamos *ego* como o administrador de nossas percepções, o que nos mantém em contato com a realidade que nos cerca. Esse ego é permeado por duas variáveis: de um lado temos a vaidade, e do outro, o orgulho. Em função de como esses dois sentimentos manifestam-se e de como são administrados por nós, desenvolveremos a "liga" no sentido de que ou nos tornamos uma vítima do mundo, durante os momentos de pressão, ou reagiremos alcançando um estado melhor que o anterior.

Caso predomine o orgulho, é provável que no auge da crise a reação seja de afirmar o ego e gerar forças para superá-la. Por outro lado, se predominar a vaidade, o medo do erro e da reprovação dos outros provavelmente levará a um enfraquecimento do ego e um esvaziamento das forças de reação. Isso é algo assustador, uma vez que nos dá uma liberdade de ação extremamente ampla para a qual a maioria não está preparada. É muito cômodo culparmos nossos pais, nosso chefe, nossos filhos, e assim por diante, por fracassos e insucessos, relacionados a decisões não tomadas ou mal tomadas. Mas, quando passamos a entender que somos o resultado de decisões passadas, e que precisamos aprimorar a "tenacidade" e capacidade de nos estruturarmos melhor em uma crise, tornamo-nos melhores decisores e assumimos as rédeas de nossos destinos.

Antes de tratar da quebra dos paradigmas, vejamos uma pequena amostra de como decidimos com base em percepções.

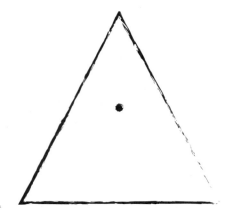

FIGURA 8.1: Triângulo.

Observe o triângulo anterior com um ponto central. Por incrível que pareça, esse ponto encontra-se exatamente no meio da altura do triângulo. Pode parecer absurdo, mas a verdade é que fomos levados a concluir em cima de uma ilusão de ótica. Os dois lados inclinados do triângulo nos induzem a pensar que ele está mais ao alto (em caso de dúvida, basta pegar uma régua e medir).

A mesma coisa vale para nossas pretensas verdades. Decidimos com base em "verdades" que não refletem exatamente nossa realidade, o que é uma prova de que o fazemos fundamentados em percepções. O que julgamos ser a realidade não passa da percepção que temos dela. Se achamos que não temos "sorte" com as mulheres, que não temos "jeito" para aquela profissão ou coisas do gênero, essas convicções se tornarão uma realidade e, muito provavelmente, prejudicarão o processo decisório. Vivemos cheios de paradigmas que em algum momento de crise foram úteis, mas continuamos a utilizar esses recursos sem perceber que o instante é outro, e as variáveis, outras também. Ao mudarmos essa percepção, modifica-se também nosso processo decisório.

Vejamos um exemplo para ilustrar a maneira pela qual podemos avaliar crenças e paradigmas que atrasam o processo decisório. Vamos imaginar uma criança com a qual tenhamos vínculos afetivos. Embora seja muito querida por nós, há momentos em que ela se torna um pouco insuportável. Agora responda o seguinte: como essa criança consegue nos tirar do sério? Ela consegue nos irritar fazendo o que, ou dizendo o quê? Pense um pouco e escreva a resposta em um papel. Terminou? Gostaria então de dizer-lhe que a característica ruim que tanto lhe desagrada nessa criança também existe em você, em grau menor ou igual, embora você não aceite isso.

Parece mentira, mas é exatamente esse processo de não aceitação que tira você do sério. A irritação advém do fato de que, ao decidirmos, assumimos um papel previamente estruturado, em que se eliminam posturas e imagens negativas não aceitas socialmente, preferindo o reconhecimento dos arquétipos positivos. A criança se manifesta com posturas e atitudes, quer positivas, quer negativas, que serão paulatinamente reforçadas ou eliminadas de acordo com a educação daqueles que a cercam. Em função de como é eliminado o lado feio, o errado, essa negação fica em estado latente apenas. Todos nós continuamos a possuir, no fundo, um lado mau, um lado obscuro, um lado feio. Quanto mais o negamos, mais ele se revolta e se manifesta, quando encontra eco e reflexo.

As pessoas que nos cercam funcionam como espelhos de nós mesmos. Aqueles que chamamos de amigos são pessoas que reforçam pontos positivos que já conhecemos, ao passo que são nossos inimigos os que nos irritam e incomodam, conseguem expor facetas, comportamentos e atitudes que não admitimos possuir. Imagine que, ao fim de sua vida – se você acredita no Céu, no Paraíso –, ao chegar lá, descobre que Deus lhe reservou uma incumbência: ser um anjo da guarda. Sente-se feliz e orgulhoso da nova tarefa, só que fica sabendo de um detalhe: vai ser o anjo da guarda de seu maior inimigo durante sua vida terrena, pregressa. E você terá direito a modificar um "defeito" de seu inimigo que, você julga, foi o que mais o fez detestar essa pessoa. Responda: qual defeito mudaria no seu inimigo? Respondeu? Pois bem, sinto lhe informar, mas esse é um "defeito" que você também tem, e o que o irrita é vê-lo refletido na personalidade do outro.

Assim, chegamos à triste conclusão de que temos muito mais a aprender com nossos inimigos que com os amigos. Se mudarmos nosso padrão, nossa referência, quebrando esse paradigma, mudaremos de amigos e de inimigos também. Os inimigos são, portanto, nossos grandes mestres. Por isso, não fique esperando que eles mudem: é mais fácil você mudar para deixar de tê-los como inimigos, ou se afastar para não ter o custo dessa mudança. Não se espera que adotemos esses comportamentos tidos como indesejáveis, mas o simples fato de entender que eles são parte de um todo e que não há motivo para se lutar contra eles nos coloca, quase automaticamente, em uma condição de força, acima deles.

O fato é que estabelecemos relações a partir de espelhos de nós mesmos. Essa mesma situação também tem lugar dentro de uma empresa. Existe um modelo que reflete a relação entre um chefe e um subordinado; em geral, podemos avaliar o primeiro pelo perfil do segundo. Duas pessoas trabalham melhor juntas quando têm características afins; da mesma forma, os chefes costumam rejeitar aqueles subordinados que lhes parecem ser seus contrapontos. Avaliando o impacto desse princípio, entendemos por que as decisões organizacionais tendem a assumir posturas convergentes e ortodoxas, dificultando a mudança do status quo.

PADRÕES MENTAIS E O PROCESSO DECISÓRIO

Neste capítulo enfocaremos como a mudança dos padrões mentais é essencial para alterar o processo decisório individual. De acordo com princípios da psicologia comportamental, a conquista de um novo padrão mental normalmente advém de uma perda, conforme o modelo a seguir.

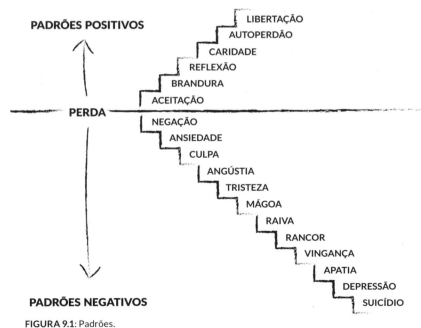

FIGURA 9.1: Padrões.

Para tornar mais inteligível e tangível a Figura 9.1, vamos tomar como exemplo um caso trágico de morte de um filho por acidente de carro. Seguindo o processo negativo, a primeira reação do pai é a de negação. Ele não aceita o ocorrido e ainda procura por indícios de que aquilo não aconteceu realmente. Porém, quando "a ficha cai", esse pai passa por vários estágios de transtorno que vão evoluindo gradativamente até o desespero total, passando por ansiedade (ele diz para si "E agora? O que eu faço?"), culpa ("Será que fiz a vistoria do carro corretamente?"), angústia, tristeza, mágoa, raiva ("Por que será que Deus resolveu fazer isso logo comigo?") e rancor. Então todos os sentimentos negativos vão compondo um quadro pior, que é o da depressão, e que logo vai induzir o pai em questão a cometer atos quiçá violentos contra o "bode expiatório" – aquele que for considerado "culpado" pela tragédia – ou até contra si mesmo. Como ele não aceita a ideia de que nunca mais terá seu filho por perto novamente, o único consolo que lhe parece cabível é a vingança. Assim, procura, de todas as formas que lhe forem possíveis, punir o responsável – muitas vezes, fazendo justiça com as próprias mãos. Porém, nesse caso, ou se o criminoso for preso, a perspectiva de reconforto mostra-se nula, e aí o pai evolui da apatia e da depressão até, algumas vezes, o suicídio.

Não obstante, em raros casos, o caminho que se percorre é o exato oposto. Aquele que perdeu alguém importante consegue rapidamente aceitar o infortúnio, o que logo lhe causa um sentimento de brandura ante a vida. Isso o fará refletir sobre como vai ser sua nova realidade sem aquela pessoa e perceber que vai conseguir seguir em frente, apesar da dor da perda. Assim sendo, essa pessoa geralmente ainda encontra meios de se sentir solidária a outras que passarem por situação semelhante e ajudá-las. Isso vai contribuir para que, pela sensação de satisfação que os atos de caridade lhe proporcionam, ela possa se perdoar. Por fim, o sentimento será de liberdade e leveza, com a consciência de que, apesar de tudo, a vida continua.

Perante o estado de culpa, ingressamos, em geral, em um círculo vicioso em que necessitamos automaticamente de perdão. É normal procurar este perdão externamente, arranjando um bode expiatório ou alguém para se confessar. No entanto, o alívio da culpa dessa maneira permite que se incorra novamente no estado de metanoia, o que transforma o processo em um ciclo interminável, o qual só é rompido quando nos perdoamos.

Todavia, a educação analítica e dicotômica em que fomos criados nos orientou a optar por apenas um dos lados e negar o outro. Essa unilateralidade opcional gera conflitos internos, o que acarreta um estado de estresse.

Analisemos agora o que ocorre imediatamente após uma perda, perante a qual nosso caráter vai definir como reagiremos. Nesse cenário temos de um lado a *vaidade*, e do outro, o *orgulho*. Ambos atuam na mesma direção, embora os sentidos sejam diametralmente opostos. Se prevalecer o orgulho, este pode ser utilizado como alavanca propulsora no sentido de decidir a ação, acionando o vetor mudança. Se predominar a vaidade, é provável que a não ação prevaleça, gerando um *vetor de não mudança*, conforme visto no Capítulo 7.

Outro aspecto controverso é o da inteligência e o processo decisório individual. Inteligência pode ser concebida como a capacidade de um organismo perceber diferenças e a velocidade com que as mudanças ocorrem. Isso varia de pessoa para pessoa, e o fato de perceber essas mudanças em tempo não é garantia de ação, uma vez que o ciclo da mudança e de estresse a antecede. Em um ambiente volátil e em constante mudança, como são os dias de hoje, esse tipo de inteligência será cada vez mais determinante na sobrevivência de indivíduos e organizações.

Para concluir, vamos lembrar a história do sapo. Se pegarmos um sapo no brejo, juntamente com um pouco de água, e colocarmos em uma panela para esquentar aos poucos, ele não perceberá esse aumento de temperatura e acabará morrendo cozido. Ao passo que se colocarmos um sapo na água fervendo, ele pulará fora. A moral da história é que devemos estar atentos às mudanças ambientais, sob pena de morrermos cozidos.

Vejamos agora um pequeno teste para auxiliá-lo a ser mais feliz em suas decisões. Assim como o defeito que vemos no inimigo é aquele que escondemos em nosso íntimo, aquilo que imaginamos como nosso valor moral mais forte e enraizado pode ser o que está nos impedindo de progredir. Se você fosse perguntado sobre qual o seu valor mais importante, aquele de que não abriria mão de jeito nenhum, o que responderia? Pense.

Alguns podem responder "integridade". Outros, a sinceridade, a honestidade, a objetividade. Seja qual for esse valor, em geral ele é aplicado em relação ao outro, às pessoas que nos cercam, ao nosso ambiente familiar ou de trabalho, mas pouco aplicado a nós mesmos. O que é honestidade para você? O que é integridade? Sinceridade? Objetividade? Você é sincero consigo mesmo? Com suas necessidades ou a situação? Por exemplo, a sua honestidade reflete uma visão honesta de quem você é, do que pretende na vida, do que é necessário fazer para progredir? Sua integridade lhe impõe que/quantos limites? E esses limites são limites para quem? Não se trata aqui de ser desonesto, corrupto, falso, mas, sim, de verificar até onde estamos sendo mais rígidos que íntegros, mais duros que sinceros, mais controladores que honestos.

A rigidez no trato com um filho, por exemplo, visando ao que se julga uma formação íntegra, pode deixar de lado o amor e o perdão. Essa mesma integridade pode nos impedir de estender a mão e pedir ajuda em um momento necessário. Pense. Valores são importantes quando são questionados e reavaliados, o tempo todo. O objetivo é que a rigidez não os torne um fardo que nos impeça de progredir, de se promover o bem comum e, consequentemente, o próprio bem.

Para ilustrar bem essa dicotomia, passemos à parábola do caçador: na África do século XIX, ocupada por colonizadores europeus, vivia um lorde inglês, Sir Thomas, que se vangloriava de ser o melhor caçador de elefantes do mundo. Em um ano em que a seca dizimava vidas no continente, Sir Thomas perdeu-se com sua expedição em um vale desconhecido da Tanzânia, para onde foi esperando encontrar uma manada de elefantes lendários por seu tamanho e suas presas de marfim.

Após ficar sem ajudantes, mortos de inanição e sede, e já estar quase no fim de suas forças, o lorde encontrou a trilha da manada que tanto buscava. Alegre com a perspectiva de não apenas encontrar o que procurava mas também matar sua fome, e levar de volta uma bela recompensa em presas de marfim, Sir Thomas preparou-se. Limpou e carregou sua carabina de longo alcance, especial para o abate de elefantes. Armou uma espécie de abrigo com galhos de árvores, que serviam para disfarçar sua presença ali, e sentou-se em seu posto, aguardando a passagem daqueles fabulosos animais, que, pensava ele, devia ser iminente.

No primeiro dia de espera, Sir Thomas viu passar um bando de gazelas pastando, devagar e quase sem forças, o restante da relva que resistia à seca. Ele pensou consigo: "Se as gazelas estão aqui, logo os elefantes também virão."

No segundo dia de espera, cansado com o calor inclemente, sem água e comendo o último pão que lhe restava, Sir Thomas viu passar pela trilha uma manada de zebras, as quais passavam por ele em procissão, quase esbarrando em seu abrigo. Ele pensou consigo: "Essa trilha deve dar em algum rio, pois essas zebras seguem por aqui sedentas, mas decididas; logo, logo chegarão os elefantes. Eu sabia!"

No terceiro dia de espera, com o corpo exaurido e quase em delírio, o nobre inglês viu passar uma longa fila de gnus, seguindo a mesma direção das gazelas e das zebras, e pensou consigo: "É agora, não falta mais nada; os elefantes vão passar a qualquer momento. Tenho de estar preparado." E então Sir Thomas levantou a carabina na altura de seu ombro, firmou o olho direito na mira telescópica e esperou...

O que restou do corpo de Sir Thomas e de seus pertences foi encontrado trinta anos depois, por outra expedição. E então os restos mortais foram trasladados para a residência de seus ancestrais, na velha Inglaterra.

Moral da história: muitas vezes, por só conseguirmos nos ver de determinada maneira na vida profissional ou pessoal, deixamos passar muitas oportunidades que talvez nos trouxessem exatamente aquilo de que necessitamos.

DECISÕES NO MUNDO CORPORATIVO

**Evolução: nada resiste ao tempo...
Nem aos concorrentes**

Nos anos 1960, os gigantes da indústria eletrônica eram Siemens, Westinghouse, Standard e Telefunken. Todas essas companhias tinham em seus quadros gente de altíssima competência, as melhores condições de captação de capitais e acesso a tecnologia de ponta. Como trabalhavam no setor eletrônico, teriam tudo para prosperar com a fabricação de computadores, o que não aconteceu. Quem acabou liderando o mercado de computadores *mainframe* foi a IBM, que, na época do reinado das gigantes mencionadas, tratava-se de uma empresa média cujo carro-chefe eram as máquinas de escrever elétricas de esfera (ex.: 82 C, 83 C).

Outro exemplo foi o crescimento da indústria automobilística do Japão. Até os anos 1970, os japoneses tentavam, sem muito sucesso, entrar no mercado norte-americano. Vale a pena lembrar que, no início dos anos 1960, na ocasião do primeiro lote de carros japoneses enviado para a Califórnia, *nenhum* foi vendido, quer por motivos de tecnologia, quer por aspectos de incompatibilidade com a cultura do consumidor norte-americano.

Em meados dos anos 1970, com a crise do petróleo, os modelos japoneses tornaram-se a primeira opção de carro econômico e o segundo carro em cada residência norte-americana. Enquanto os modelos norte-americanos (Cadillac, Galaxy, Dodge Charger e outros) eram vendidos a metro e tinham um consumo na ordem de 4 a 5 km/l, os carros japoneses trabalhavam com o dobro de economia. Ora, por que a GM, a Ford, a Chrysler, com todo pessoal, capital e toda tecnologia, não produziram carros econômicos e ainda permitiram a entrada dos japoneses? É simples. A exemplo dos *mainframes*, o pessoal dessas empresas perdeu muito tempo reunido em comissão de projetos, para aprovar detalhes na questão de produzir esses modelos ou de carros populares mesmo. Ou seja, esses gigantes foram *lentos* na sua tomada de decisão, e, quando decidiram, os concorrentes já estavam estabelecidos no mercado.

Temos aí mais um exemplo de que, cada vez mais, tamanho não é documento, e de que o tempo da tomada de decisão é fundamental em um ambiente de mudança cada vez mais competitivo. No fim do século XX e do segundo milênio, as mudanças tomaram uma velocidade assustadora, tanto para as organizações quanto para nós, consumidores e profissionais.

Toda essa mudança tem suas origens em duas variáveis. Em primeiro lugar, hoje em dia observa-se no mercado o surgimento de clientes muito mais informados, exigentes e... *mais insatisfeitos*. Eles têm um grau de exigência maior em relação às empresas, e, se estas não conseguem atendê-los adequadamente, o resultado é uma crise na organização, que perde mercado e clientes, abrindo, assim, espaço para o concorrente. Em segundo lugar, esses concorrentes tornaram-se muito mais eficientes e agressivos.

Essa combinação de clientes insatisfeitos com concorrentes mais numerosos e profissionais é sinônimo de crise, como já foi dito. São poucos os setores nos dias de hoje que conseguem trabalhar em um ambiente sem concorrência; as tecnologias são rapidamente copiadas, e os clientes volatizam sua lealdade. É preciso que se perca, todavia, a impressão errada de que "crise" significa algo negativo, um perigo ou uma ameaça. "*Krysys*", do grego, significa momento de decisão. Para os chineses, "*Wei Ji*" (crise) quer dizer tanto ameaça ("*Wei*") quanto oportunidade ("*Ji*"), ou seja, crise significa apenas mudança. Um bom exemplo é o Brasil, conhecido como o país das crises, mas também visto como uma terra de oportunidades. Outro exemplo é um terremoto; para aqueles que perderam algo, é uma ameaça e

GESTÃO DE MUDANÇAS • **85**

um perigo. Contudo, construtores, fabricantes de tijolo, de cimento, de vidro e de aço certamente verão suas vendas aumentarem expressivamente.

Quando nos encontramos no interior da crise, em seu epicentro, só conseguimos perceber aquilo que ela tem de ameaçador e perigoso. É a nossa percepção ambiental, a visão de fora do epicentro, que vai nos permitir vislumbrar as oportunidades. Comentamos há pouco que tamanho não é documento, e que o segredo é a capacidade de mudar, de decidir rápida e acertadamente diante das mudanças ambientais (políticas, culturais e tecnológicas), antes de nossos concorrentes e sem perder o foco no cliente. Afinal, é ele quem paga as contas da empresa, nosso salário, e assim por diante.

Verificamos também que os modelos organizacionais, administrativos e decisórios foram copiados, há cerca de um século, de duas instituições bem-sucedidas na época: o Exército e a Igreja. Ressaltamos que nossa abordagem enfoca somente as instituições dos homens, e não as ideologias e religiões.

Voltemos à Igreja católica, que já foi todo-poderosa, e tentemos vê-la como uma empresa em contato com seus clientes (os fiéis). De 1960 até os dias de hoje, ela perdeu cerca de um terço de seus fiéis, que foram arrebanhados pela concorrência, isto é, por outras igrejas com soluções mais eficientes. Seu declínio coincide com a invenção da pílula anticoncepcional e com a aceitação do divórcio, dois itens severamente reprovados por ela – aqueles fiéis/clientes que ousassem adotá-los eram imediatamente rotulados como "pecadores".

À medida que a Igreja católica deixou de atender às expectativas dos fiéis/clientes, possibilitando o assédio da concorrência, viu seus bancos se esvaziarem. O espiritismo e os evangélicos (cristãos protestantes) desenvolveram soluções específicas para cada segmento. E o motivo é muito simples: as pessoas não queriam viver um conflito espiritual consigo mesmas. Somente em 1968 a Igreja percebeu essa perda de mercado e contra-atacou. Ela flexibilizou seus cultos, que passaram a ser oficiados nos idiomas locais – não mais em latim, com o padre de costas para a assistência –, com a intenção de aproximar o serviço (a missa) dos clientes (os fiéis).

Mais adiante, nos fins dos anos 1980, a Igreja católica lançou o movimento carismático, com o propósito de reforçar o espírito de congregação entre os participantes, e adicionou uma pitada de alegria a seus cultos, com música e cantoria. Nada que a concorrência também já não estivesse fazendo há muito, e com sucesso. Quando o líder do mercado, no caso, a Igreja católica, passa a copiar modelos de terceiros com menor participação no mercado, é sinal de que sua posição de liderança encontra-se ameaçada.

No mundo empresarial, o ambiente é de guerra, observado o fato de que as organizações tornam-se cada vez mais competitivas e disputam clientes cada vez mais exigentes. Por conseguinte, os modelos empresariais copiados da Igreja e do Exército só tinham validade em situações de absoluta paz e calma no mercado. Diante da agressividade mercadológica dos dias de hoje, eles pouco têm a oferecer. O modelo administrativo e organizacional do Exército, por exemplo, altera-se em situação de guerra, tornando-se completamente diferente do caso analisado anteriormente, no qual *ordem, dá quem pode; obedece, quem tem juízo.* Em tempo de conflito bélico, o poder é descentralizado, e as principais decisões – que vão determinar a sobrevivência da tropa, tornada o foco de atenção do exército – passam a caber aos escalões menores, em nome do objetivo maior de vencer a guerra.

É isso o que se vê agora nas empresas, que estão delegando a seus "tenentes" um maior poder decisório, com vistas ao objetivo máximo – a perpetuidade da organização. Observamos, contudo, que muitos desses "tenentes", criados em uma situação de paz e obediência, entram em conflito pelo fato de não terem sido preparados para o estado de guerra. Suas ideias de sucesso limitam-se à obediência e à conformidade aos manuais, que os levariam com segurança ao topo de suas carreiras e ambições dentro da empresa, em épocas saudosas. Esse fato é diretamente responsável pelo fracasso de muitas organizações, o que reforça a tese de que copiamos o modelo errado. O certo seria nos apropriarmos dos manuais do exército em guerra, que privilegiam a descentralização, o que forma melhor nossos "gerentes", não apenas no sentido informativo e cognitivo mas também ao lhes dar uma visão de guerra mais empreendedora com mudanças de valores. Vale a pena lembrar que, para existir "um espírito de combate", deve existir antes uma ideologia, ou uma causa justa injetada na mente e nos corações daqueles tenentes e soldados. Um soldado não está vendendo tempo para seu exército.

Como sobreviver e prosperar dentro de uma corporação

Normalmente, nas organizações, espera-se que o decisor seja uma pessoa rápida, precisa e eficiente em todas as suas decisões. Na prática, entretanto, o que se observa nas grandes empresas é que muitas pessoas que optaram por não decidir, seja por postura política ou por questões de segurança, acabam sendo premiadas. São elas que conseguem, dentro da estrutura da empresa, conquistar o menor número de inimigos e cometer menos erros. Por causa do modelo hierárquico-organizacional que premia aqueles com menor número de erros, tudo indica que essas pessoas terão maiores chances de ser mais bem avaliadas e, portanto, promovidas (o que acaba normalmente ocorrendo). Muitas delas, especialmente nos escalões superiores, são consideradas mais qualificadas e equilibradas porque souberam "ponderar" e jogar para outros a responsabilidade das decisões.

Vale a pena lembrar que, principalmente no topo das organizações, os modelos são diferentes daqueles preconizados para as bases. Mais adiante trataremos detalhadamente dessa questão no "modelo decisório organizacional". É bom que se diga, contudo, que existem duas realidades: aquilo que é pregado como regra para o corpo da organização e o que vale apenas para a direção.

O que o executivo quer hoje para sua empresa? O poder analítico de um grande mestre do xadrez ou a flexibilidade e a energia competitiva de uma criança jogando videogame? Acertou quem escolheu a segunda opção, segundo Christopher A. Bartlett e Sumantra Ghoshal, professores de duas das mais conceituadas faculdades de Administração de Empresas do mundo – Harvard e London Business School, respectivamente. A metáfora, atribuída a Jan Carendi, executivo da empresa Skandia, é utilizada pelos autores para explicar que só uma empresa capaz de aprender constantemente, como uma criança jogando videogame, consegue acompanhar as mudanças. O enxadrista, nessa comparação, seria uma empresa dependente do planejamento estratégico. Com base em um estudo de seis anos realizado com vinte companhias que adotaram o aprendizado organizacional – entre as quais Skandia, Microsoft, Intel, Cyprus, ISS, Ikea, McKinsey, Bartlett e Ghoshal –, percebe-se que, para chegar a ser essa criança do videogame, a empresa deve contar com um modelo de organização de rede integrada e ter três características-chave: melhores funcionários, fluxos horizontais de conhecimento e cultura baseada na confiança.

Como seriam esses *melhores funcionários*? Na economia baseada em serviços, e na era da informação em que vivemos, recrutamento, seleção e desenvolvimento dos ativos humanos são funções imprescindíveis, e não apenas o que mantém a empresa funcionando. Com muito pouca diferenciação entre concorrentes, graças à disseminação tecnológica, é no terreno dos valores humanos de ponta que a diferenciação ocorre. Assim como outras empresas, a Microsoft, de Bill Gates, por exemplo, compreendeu isso há bastante tempo e recorre a esforços excepcionais e contínuos de recrutamento, o que se reflete no valor de marca da empresa, um dos três maiores do mundo. Apesar de a Microsoft receber cerca de 120 mil currículos por ano, Gates recomenda a seus gerentes a busca ativa e incansável daquela pessoa especial, "que só aparece uma vez na vida", e sua contratação. Quando eles o fazem, não há nenhuma atividade mais importante para Gates do que conhecer essas pessoas e convencê-las a entrar no time.

Por mais importante que seja recrutar e desenvolver indivíduos com qualificação superior, a corporação não se beneficia com o acúmulo de ilhas de informação e bolsões de experiência, pois eles têm pouco valor isoladamente. Só se aproveitam os benefícios do aprendizado organizacional quando a estrutura de pessoas é capaz de transferir, compartilhar e alavancar seus conhecimentos e experiências entre os diversos grupos existentes. A experiência individual em unidades isoladas precisa ser conectada a um fluxo horizontal de compartilhamento de informações e conhecimentos, destinado a difundir rotineiramente as experiências para toda a organização.

A confiança é mais facilmente construída pela transparência e abertura dos processos administrativos, desde a direção da empresa, que dão aos funcionários uma sensação de envolvimento e participação. Esse sentimento emerge, em grande parte, das normas e dos valores adotados pela empresa, os quais podem ser extremamente influenciados pelo estilo de trabalho da alta administração, sempre usado como modelo.

Criar esse tipo de cultura, com base na confiança, e sustentar o aprendizado organizacional exige um conjunto de valores e crenças, reais e verdadeiros, que unam os vários membros da organização em torno de um compromisso comum. Esse tipo de comportamento só existe em uma organização na qual as pessoas confiam umas nas outras, se apoiam nos compromissos assumidos por colegas e não duvidam disso. Uma corporação, empresa ou organização que se pretenda ter a flexibilidade e a energia competitiva de uma criança jogando videogame precisa de uma cultura baseada na confiança.

Decisão e modelo organizacional

Em princípio, o sonho de qualquer grande profissional é trabalhar, fazer carreira e, se possível, aposentar-se no auge como diretor de uma grande empresa. As estatísticas provam, entretanto, que esse sonho está cada vez mais difícil de acontecer ou de se concretizar. No Brasil existe um *ranking* feito pela revista *Exame*, no qual são enumeradas anualmente as quinhentas maiores e melhores empresas do país. Em razão de seu nome e poderio econômico, elas têm condições de contratar os melhores profissionais, portanto, as melhores massas cinzentas; dispõem das melhores facilidades de crédito, uma vez que todos os bancos desejam lhes emprestar dinheiro; e têm acesso às tecnologias mais modernas. Teoricamente, essas organizações teriam tudo para prosperar durante um futuro bastante longo. O que se observa, contudo, é que a maior parte dessas empresas, lamentavelmente, não consegue nem mesmo sobreviver por muito tempo, ainda que contem com todas as vantagens disponíveis no mercado.

Algumas estatísticas assustadoras estão aí como prova, e uma delas é, com certeza, o primeiro *ranking* da *Exame*, em 1974, que relacionou as maiores e melhores empresas de então. Em 1992, contabilizando-se quantas delas ainda faziam parte da lista original, chegou-se à triste estatística de que apenas 223 ainda estavam lá. E o pior é que, das quinhentas de 1974, apenas 91 haviam subido no *ranking* e galgado posições melhores nesses últimos 18 anos. Isso é um paradoxo, uma vez que já foi dito que essas organizações dispunham de todas as facilidades de recursos humanos, financeiros e tecnológicos que fariam inveja a qualquer média ou pequena empresa. Examinando-se agora os números de 1994, dois anos depois, essa estatística se agrava mais ainda. Das 223 empresas que faziam parte da lista em 1974, encontramos apenas 186, sendo que só 85 delas haviam conseguido subir de posição. A maioria simplesmente desapareceu do *ranking*, e um número cada vez menor daquelas empresas continuava com "fôlego" para subir na classificação. Em 2005, enfim, só restavam 154 organizações, e apenas 63 continuavam subindo no *ranking*.

Muitos pensarão que esse fenômeno é fruto de um modelo de economia como o brasileiro, com inúmeros planos econômicos, aos quais as empresas não resistiram. Comparando-se com a lista de quinhentas empresas da *Fortune* americana, que inspirou a *Exame*, observa-se a mesma estatística, e, mais ainda, constata-se que esse vaivém de colocações no *ranking* se deu em velocidade muito superior à nossa. Em vez de essas mudanças se darem a cada 18 anos, como no caso da pesquisa da *Exame*, as transformações ocorreram a cada 12 ou 13 anos na *Fortune*. Fica, então, a seguinte dúvida: como empresas bem-sucedidas, com os melhores profissionais do mercado e acesso às melhores tecnologias e linhas de crédito do mundo, podem ter um desempenho tão medíocre? Afinal, o que há de comum entre essas bem-sucedidas empresas para explicar a razão de sua efemeridade no *ranking*? Todas têm algo em comum: o mesmo modelo organizacional.

A ciência da Administração surgiu no início do século XIX, junto com a Revolução Industrial, e adotou modelos para estruturar organizações, tendo como modelo a Igreja católica e o Exército. Dessas instituições, tiraram-se os conceitos de hierarquia, especialização, unicidade de comando e outros. Assim, essas empresas têm o formato de uma grande pirâmide: no topo, um presidente, e na base, uma infinidade de subordinados. Quanto ao modelo de comando, até há bem pouco tempo, ao menos, seguia-se aquele adotado pelo Exército ou pela Igreja: a clara separação da função da "cabeça" da empresa – como no Vaticano e no Estado Maior – do resto da organização. Os modelos, tanto do Exército quanto da Igreja, são de obediência, e não de decisão. Não é à toa que seja comum na cultura dessas empresas – entendendo cultura como um somatório de crenças – a filosofia de que *ordem, dá quem pode; obedece, quem tem juízo.*

Esse modelo – que separa a cabeça do corpo, em que a primeira decide e o outro obedece – tem levado a uma sucessão de fracassos dentro dos processos decisórios empresariais, o que ocasiona uma série de atrofias. Um aspecto importante é que, para muita gente, a *não decisão* é uma opção. Uma vez que somos avaliados, em princípio, mais pelos próprios erros que pelos acertos, principalmente nas esferas superiores, a maneira mais fácil de não errar é não decidir. À medida que mais ascendemos dentro de nossa carreira em uma organização, o plano político passa a ser mais relevante que o técnico. A questão do poder, dos relacionamentos e a *administração* de conflitos acabam promovendo e facilitando a vida e o crescimento dos *não decisores*. Paradoxalmente, a área administrativa torna-se um excelente refúgio para eles, que acabam prosperando, já que o resultado do trabalho realizado nesse campo é de difícil mensuração direta e objetiva.

Outro aspecto importante é que nem sempre há convergência de interesses de decisões individuais e corporativas, e, na "cabeça" da matriz das empresas, as regras não são as mesmas comunicadas ao corpo da organização. Esses órgãos funcionam como grandes clubes, por abrigarem uma série de interesses particulares e pessoais, mesmo que em detrimento dos organizacionais. Um bom exemplo disso é a ditadura de Wall Street, em que cada vez mais a carreira e a remuneração dos principais gestores estão submetidas a um pagamento de dividendos aos acionistas, no intuito de retorno do capital investido. Isso facilita uma visão de curto prazo com a dilapidação de patrimônios e o pouco arrojo nos investimentos.

Por exemplo, em relação a um lucro do período, resta ao gestor distribuir o montante ou alocá-lo em reinvestimentos no negócio. Ora, se o prazo de maturação desses investimentos for longo, a pressão para o pagamento de dividendos acaba sendo, a curto prazo, um fator decisivo para a manutenção dos cargos e carreiras daqueles administradores decisores. A prorrogação ou redução daqueles investimentos em tempo hábil acaba tirando a competitividade da organização. Assim, essa conjuntura compromete o sucesso de médio e longo prazos das empresas, em troca da manutenção de cargos, que é política e de curto prazo. Já percebendo isso, as grandes organizações norte-americanas atualmente estão partindo para a abertura de capital em favor dos próprios funcionários, uma vez que eles conseguem avaliar o sucesso da organização a médio ou longo prazos. O investidor da área financeira normalmente não consegue ter essa mesma paciência e serenidade no que se refere a investimento.

Esse modelo organizacional do qual estamos tratando, e que nós mesmos, professores de Administração, perpetuamos em nossas aulas, está, por incrível que possa parecer, *falido*. Como já comentamos, a modelagem organizacional, pela ciência da Administração, partiu da observação das instituições de sucesso, *na época*.

A Igreja católica, como organização, era todo-poderosa até por volta de 1960, por exercer um monopólio dentro do mundo ocidental – um exemplo disso ainda é seu peso nas decisões econômicas, sociais, políticas e, muitas vezes, até científicas. Durante toda a Idade Média, a "fogueira" ameaçava pensadores que contrariassem seus preceitos religiosos, e ainda podemos sentir essa influência, só que em menor escala. Vale lembrar que a maior parte dos feriados, dias tidos como não produtivos, está ligada ao catolicismo. Já no caso do Exército – entendam-se Forças Armadas – há o mesmo exemplo de monopólio citado. O Estado tem apenas um exército. Ressalta-se, também, que essas observações se referem às organizações, e não aos produtos e valores por elas representados.

O que há em comum nos modelos da Igreja e do Exército é que eles sempre operaram em ambientes de baixa turbulência, com pouca ou quase nenhuma ameaça, como monopolistas, e isso promoveu o princípio da obediência de *um corpo* a *uma cabeça pensante*. Ao copiarem esses modelos, as empresas prosperaram e se agigantaram sem maiores problemas até meados da década de 1960. Nesse ambiente de baixa turbulência, todos aqueles preceitos advindos da Igreja e do Exército eram louvados, e coitados daqueles funcionários e trabalhadores que ousassem desafiar suas chefias (em vez da corte marcial e da excomunhão, apenas a demissão sumária...).

O ingresso em uma dessas organizações significava uma espécie de sacerdócio, e a promoção era apenas uma questão de paciência e servilismo. Mas, dentro do modelo em pauta, há espaço para muita disfunção administrativa e para a prática da *não decisão*, que pode até ser bem-sucedida, já que não induz ao erro.

Esse modelo organizacional passou a dar sinais de colapso quando a Igreja católica começou a perder fatias de mercado para os concorrentes. Desde 1960, a instituição já contabilizou uma perda de mais de um terço de seu rebanho, cooptado e assistido pela concorrência direta: as linhas kardecistas e espiritualistas, na classe média; a umbanda e os evangélicos, nas classes menos favorecidas. Lembramos que mesmo a Igreja católica, enquanto instituição, precisa contar com recursos de seus clientes – os fiéis. E aqui vale a pergunta: Qual foi o pecado da Igreja como organização? Naquela época, uma grande mudança tecnológica (a pílula anticoncepcional) e outra social (o divórcio) surgiram, e a postura da Igreja foi de negação e condenação de seus adeptos. À medida que sua clientela ficava desassistida, a concorrência fazia a festa. A Igreja foi obrigada a rever uma série de pontos, desde os cultos, que, até 1968, eram ministrados em latim, até a própria dinâmica das missas.

Quanto ao Exército, o erro de avaliação da modelagem se deveu ao estado *default* dessa organização. O normal de um exército é estar em paz, e não em guerra. Nesse estado, fica relativamente fácil administrar: basta seguir o manual (*By the book management*).

Enquanto o normal de um exército é estar em paz, o que mais se observa na vida empresarial é o estado de guerra. Ora, analisando-se o modelo do exército em guerra, observamos que a estrutura organizacional perde a rigidez, e o poder decisório sai da cabeça do general, com os tenentes assumindo o comando. Na comparação com a vida empresarial, é como se os gerentes passassem a assumir as decisões de competição. O grande problema é que esses gerentes-tenentes foram educados para a paz e a obediência, o que dificulta a quebra de valores e paradigmas.

Nós, professores de Administração, insistimos em ensinar esses modelos, que praticamente só estimulam a obediência, e não o raciocínio, formando bons empregados administradores em vez de empreendedores. É o caso de lembrar a frase que diz: *Quem sabe faz; quem não sabe ensina, chefia ou até escreve um livro.*

Decisões sobre trabalho *versus* emprego

Retornando à questão da cultura empresarial, já salientamos que cada empresa tem a sua. Deve ser citado também que há uma estreita ligação entre cultura e tecnologia. Esta última não tem o poder de mudar uma cultura se as premissas de crença e valor forem afrontadas. Para uma tecnologia ser bem-sucedida, é preciso que seja recebida sem muita resistência pela cultura existente. Um exemplo é o caso da secretária eletrônica: muitos de nós preferimos deixar recados com uma faxineira semialfabetizada a gravar uma mensagem nela. Ou então a relutância de algumas pessoas em fazer pagamentos nos caixas eletrônicos, mesmo que seja necessário enfrentar filas enormes até o funcionário da caixa para vê-lo autenticar o pagamento de suas contas. Mais uma vez, é a crença de que é muito mais confortável passar um recado a uma pessoa que a uma máquina.

Visto que a tecnologia não tem o poder de mudar a cultura, vale a pena lembrar que no Brasil, na década de 1970, quando da implantação do distrito industrial de Manaus, a política adotada naquele momento para a região era a de importar uma administração. Isto é, supervisores, gerentes e diretores do sul do país eram preferidos, ainda que a mão de obra local também fosse aproveitada. Quando chegavam os meses de setembro e outubro, boa parte do pessoal da linha de montagem, a gente local, com sua cultura própria, dirigia-se ao chefe para dizer que só retornaria em março. Para eles, aquele era o tempo de visitar parentes distantes nos igarapés.

Os supervisores tentavam em vão negociar com eles, fazendo-os ver que aquilo não era possível, que as férias só aconteciam durante um mês do ano, após doze meses de trabalho, e que eles precisariam dos salários para comer, morar, vestir etc. Tudo em vão. Aqueles trabalhadores reportavam ao chefe que estavam apenas interrompendo, por *conta própria*, o contrato de trabalho. E o dinheiro auferido até aquele momento serviria para manter seu sustento até o seu retorno, além de que, no local para onde eles iriam, haveria comida, casa etc. Com a saída, a linha de montagem *parava*. Essa situação mostra que ambos os partidos tinham culturas diferentes – de um lado, os supervisores com sua cultura de *viver para o trabalho*; de outro, os nativos, com a ideia de *trabalhar para viver*.

Antes da Revolução Industrial, havia o que chamamos de cultura agrícola. As pessoas viviam com as famílias em unidades praticamente autossuficientes, produzindo apenas os bens necessários para sua sobrevivência. Entre elas reinava a tradição oral, sendo a especialização transmitida de pai para filho de acordo com ela, e toda a família envolvia-se na educação de seus membros. A família estava vinculada entre si pelo trabalho e pelo lazer, e era remunerada por produção – se esta fosse boa, todos ganhariam mais dinheiro; caso contrário, os prejuízos seriam divididos. Família, trabalho e lazer andavam juntos.

As referências de tempo exerciam também papel preponderante, e estavam ligadas basicamente aos movimentos da natureza – o nascer e o pôr do sol, cheias, secas, fases da lua, e assim por diante. Ninguém tinha o "ponto" cortado por ter se atrasado meia hora para a colheita do milho, por exemplo. As pessoas viviam felizes com sua cultura, tão diferente da nossa, que foi imposta a partir da Revolução Industrial.

Diante disso, cabe-nos perguntar como a Revolução Industrial, há mais de cem anos, conseguiu impor uma mudança cultural tão radical, como o advento da linha de montagem, sobre a sociedade ocidental. Fazendo uma análise, é possível verificar que houve inicialmente uma revolução agrícola, na Inglaterra, em meados do século passado, que desempregou muitos trabalhadores no campo e os levou para as cidades. Foi algo semelhante ao que acontece agora, com a revolução da informática, quando muita gente está sendo demitida em virtude do abandono dos processos industriais manuais por uma automação que gera excedente de mão de obra. Aquele pessoal que migrou do campo para as cidades também não possuía a cultura de *viver para o trabalho*, e sim de *trabalhar para viver* (a transição de uma cultura para a outra se deu por uma nova ordem social, política e econômica). Como fixar aquele homem na linha de montagem permanentemente? Se em Manaus foi um problema, imagine a cena cem anos atrás. Essas transformações só tiveram lugar quando as crenças foram trabalhadas. Lembrando que crença é um conceito com um valor agregado, o ponto de partida é definir um conceito.

Se desejamos elaborar a crença de *viver para o trabalho*, precisamos definir inicialmente um conceito de trabalho que nos seja conveniente, para, a seguir, agregar-lhe valor. A solução encontrada brilhantemente pela economia, em apoio à Revolução Industrial, foi a de estabelecer o conceito de que trabalho significa a *venda do tempo de lazer*. Essa definição traz em seu bojo as ideias de "venda do tempo" e de "tempo de lazer".

A maioria de nós não foi ensinada a vender, uma atividade considerada menor, nem, especialmente, a vender seu tempo. Poucos entre nós têm condições de negociar a venda de seu tempo de lazer. Nós nos damos por muito satisfeitos quando alguém se oferece para comprar nosso tempo de lazer, o que convencionalmente significa "emprego". Nossos contratos de trabalho são por tempo indeterminado – estando a maior parte deles registrada ainda em moedas caducas – e não foram renegociados pelo vendedor diretamente. E ainda nos sentimos felizes em não saber até quando esse comprador vai continuar comprando nossas horas de lazer. E mais: acabamos vendendo nossos 35 melhores anos de lazer para que, talvez, em um futuro incerto, e sabe-se lá em que condições, desfrutemos o que restar, no que é nosso conceito de previdência e aposentadoria.

Quanto ao tempo de lazer em si, a partir do momento em que definimos trabalho como sendo sua venda, colocamos de um lado da balança o trabalho, e do outro, o lazer. Dentro do processo dicotômico cartesiano, temos trabalho ou lazer. Uma pessoa normal vende, durante a vida, cerca de 33% de seu tempo de lazer; os *workaholics* venderão cerca de 66% ou 70%; e os que chamamos de ociosos, vendem cerca de 10% apenas – ou, em casos extremos, até 0%, os quais rotulamos de vagabundos inúteis.

A profundidade dessa definição transcende um pouco a lógica dos fatos. Uma vez que definimos o que é tempo de lazer, fica fácil afixar-lhe um valor. Se temos na balança, de um lado, o trabalho, e de outro, o lazer, basta colocar o peso do lado que nos interessa. Foi o que ocorreu: todo o peso foi desviado para a variável do trabalho. O momento de transição da cultura agrícola para a industrial deveu-se às mudanças de conceitos e valores. Para mudar uma cultura é preciso criar um conceito e emprestar-lhe valor. Quem compra o tempo de lazer quer comprá-lo barato, de forma que tudo é feito para que ele valha o mínimo possível, enquanto o trabalho passa a valer muito. O insumo básico, ou seja, o lazer, precisa ser barato de acordo com o ponto de vista do que chamaremos de "cultura industrial".

Nesse processo, fomos "adestrados" em uma série de falsas verdades: o trabalho enobrece (embora ninguém tenha visto um nobre trabalhar); o ócio é pecado; o dever deve vir sempre na frente do prazer (no dicionário)...

Enfim, essa é a cultura voltada totalmente ao trabalho, o que o torna algo de valor máximo, tendo como finalidade a desvalorização do lazer.

O Estado assumiu a função da educação com um objetivo duplo. O primeiro previa o fim da obrigação dos pais para com a educação de seus filhos, para que assim tivessem mais tempo para trabalhar nas fábricas. O segundo visava à geração de uma uniformidade do insumo, chamada *mão de obra*. À medida que se vai ingressando nessa cultura industrial, observamos uma série de características que se contrapõem àquelas da cultura agrícola.

Na cultura industrial, encontramo-nos cada vez mais dominados por uma pequena máquina atada a nosso pulso, que chamamos de relógio. A invenção dos segundos e do sistema métrico coincide com a Revolução Industrial – até o século passado, os relógios não dispunham de ponteiros de segundo. Na linha de montagem, o importante é que as pessoas entrem e saiam ao mesmo tempo, para que ela funcione simultaneamente. Foi necessário, porém, primeiro convencer o trabalhador a ir até a linha de montagem, porque antes ele trabalhava no ambiente doméstico.

A disciplina e a preocupação com o tempo tornaram-se fatores fundamentais dentro do processo educacional da linha de montagem. Desde pequenos somos adestrados a cumprir horários, bater ponto, ser disciplinados, não brigar com os colegas, obedecer aos professores e aos futuros supervisores, tendo em vista a formação de bons funcionários para uma linha de montagem.

Com a padronização do insumo da mão de obra, o Estado se mostra como um enorme guarda-chuva, capaz de proporcionar àqueles que apostaram em seu sistema uma longevidade garantida, sob a forma de Previdência Social. Em escala menor, as empresas também reproduziram esse modelo, criando ambientes seguros e protetores. A Revolução Industrial propiciou, entretanto, o surgimento do socialismo.

O conceito de socialismo adveio da Revolução Industrial, ao defender a ideia de que a sociedade é mais importante que o indivíduo, e que o governo, dentro de um aspecto social, é o grande guarda-chuva que provê segurança para toda a sociedade. O governo se torna a grande mãe. Em escala menor, as empresas reproduziram o modelo, acenando com aspectos de segurança, futuro promissor e aposentadoria complementar.

A ideia de que estamos empregados, com nossas horas de lazer vendidas e registradas em uma carteira assinada, dá-nos a sensação de que estamos protegidos das adversidades, tanto no presente quanto no futuro. Essa é a nossa cultura, que transmitimos a nossos filhos. Passamos a viver o presente com cada vez mais medo do futuro.

O conceito de "trabalhar em uma grande empresa" está intimamente associado a segurança, embora na prática não seja bem assim. Aliás, como vimos anteriormente, muitas organizações vão à bancarrota antes mesmo que tenhamos tempo de nos aposentar. Na cartilha do processo produtivo, a mão de obra era vista como um recurso renovável, e ninguém era insubstituível. Na linha de montagem, cada trabalhador especializava-se de tal forma na própria tarefa que nenhum deles conseguia ter uma visão global da operação. É aí que surge uma terceira figura: o administrador, responsável por fazer com que os insumos trabalhem dentro de uma unidade produtiva do detentor do controle do capital. Nesse processo, desvalorizou-se o trabalho em benefício do capital.

A parábola dos três leões

Três leões eram irmãos, filhos do mesmo pai, e pertenciam a um bando alegre de mais de vinte leões e leoas. Com o passar do tempo, eles amadureceram e cada um deles tomou rumo diferente na vida.

O primeiro leão havia sido capturado e levado para um circo, em um país muito distante de sua África querida. O segundo irmão permanecera na floresta e havia decidido ser um leão solitário, batalhando por comida quando e onde bem lhe aprouvesse. O terceiro irmão ficara no lugar de seu pai, e era agora o chefe do maior bando de leões daquele país, tendo mais de trinta leões e leoas sob seu comando.

Às vezes, os leões tinham notícias de seus irmãos e, à noite, se punham a pensar.

Antes de cair no sono, o primeiro leão lamentava: "Ah! Meus irmãos é que são felizes; um vive pela floresta, sozinho, fazendo a cada dia o que lhe der vontade. Enquanto isso, o outro é chefe do maior bando que já existiu e tem todos aqueles súditos para fazer-lhe as vontades! Eu, ao contrário, trabalho de sol a sol neste circo, durmo dentro de uma jaula e tenho que obedecer ao domador, ou então fico sem minha refeição. Oh! Coitado de mim!"

O segundo leão, sozinho na floresta, pensava todas as noites: "Ah! Meus irmãos é que são felizes; um é o chefe do bando de nosso pai e domina mais de trinta leões. O outro é um artista, trabalha em um circo e tem alimentação e casa garantidas, sem precisar se preocupar! Eu, ao contrário, luto desesperadamente todos os dias nesta selva, sem saber se amanhã terei a refeição para sobreviver. Oh! Coitado de mim!"

O terceiro irmão murmurava para si quando, por fim, deitava, após ter verificado que todos os outros leões estavam bem: "Ah! Meus irmãos é que são felizes. Um está garantido para o resto da vida, pois, pelo que sei, todo leão de circo morre bem velho, gordo e satisfeito. Já o outro vive a flertar pela floresta, arrumando comida aqui e ali, uma leoa que lhe faça companhia lá e cá, sem maiores responsabilidades! Eu, por minha vez, sou responsável por esse bando enorme. Sem o meu comando nada aqui funciona, e é um trabalho sem fim resolver as disputas que surgem entre os membros do bando. Oh! Coitado de mim!"

E assim, ano após ano, os três leões não pensavam diferente, resignando-se ao que o destino lhes havia reservado.

Essa parábola não é completamente nova para nenhum de nós, não é mesmo? Será que não dá para nos identificarmos como um desses leões?

O primeiro leão, o do circo, tem a cara de um empregado, um colaborador, que vai de empresa em empresa, trabalhando anos a fio para patrões e sonhando com o dia da aposentadoria.

O segundo é o autônomo, que depende de si para encontrar trabalho e sustento. Acha que o mundo é uma selva, onde ele luta a cada dia tentando encontrar clientes – o seu sustento. Seu medo é nunca poder parar.

O terceiro é o empresário, que construiu seu próprio negócio e acha que ninguém faz tão bem quanto ele, e que, sem o seu comando, o mundo à sua volta seria um caos.

Qualquer das situações, na realidade, tem suas vantagens e desvantagens. A nossa tendência, entretanto, é sempre achar que a grama do vizinho é mais verde que a nossa, que ele é que é feliz no seu modo de viver. Pois bem, e se nós disséssemos a você que é possível ser feliz em qualquer uma dessas situações, desde que você seja um empreendedor, um realizador de sonhos, qualquer que seja seu trabalho? Impossível? Nem tanto. É o que pretendemos mostrar-lhe, e, para isso, você precisa primeiro conhecer a natureza do *trabalho*!

Trabalho é definido pela física como força x distância. Já a economia o traduz como a venda do tempo de lazer. Contudo, nós o interpretamos como a *energia* ou o *esforço* alocado em um plano de construção da realidade. Nós podemos, com nosso trabalho, construir nossa realidade.

Decisões sobre emprego

É necessário salientar que, em princípio, a menos que tenhamos o controle das ações de uma empresa, ninguém é dono dela. Como empregados, estamos apenas vendendo nossas preciosas horas de lazer. Empregamos nossa saúde e disposição, tendo em vista, a exemplo da história da cigarra e da formiga, a chance de usufruir, no futuro, alguns poucos anos de lazer restantes.

Dentro da ótica de mercado, decidimos vender e registrar essa venda de nosso tempo de lazer para um único cliente (o que não deixa de ser um alto risco), em um contrato de trabalho por tempo indeterminado (para a maioria, uma bênção) e em condições de preço e prazo, provavelmente, em moedas que já não mais existem. Todas essas condições foram impostas por nosso cliente (a empresa) e, naquele momento, era a melhor condição de negociação. Ora, o mundo mudou, as moedas mudaram, nós mudamos, e o contrato continuou o mesmo. Isso é assim porque nós, na modalidade de fornecedores de mão de obra, concordamos com esse estado de coisas, sempre na esperança de que o cliente-empresa reconhecesse o nosso valor, desse-nos aumento, treinamento e outras coisas, em uma postura totalmente passiva.

Ocorre que, enquanto fornecedores de mão de obra, desatualizados, vendendo para um único cliente, precisamos dar graças a Deus por ter esse freguês. Entretanto, gostaria de lembrar que, enquanto "fornecedores, vendendo horas de lazer", estamos sujeitos às regras do mercado competitivo. Ou seja, à medida que nossos concorrentes passarem a fornecer produtos (horas de lazer) mais qualificados e produtivos (menor custo), é pouco sensato que nosso cliente (empresa) continue querendo comprar nosso produto atual. Assim, nossa carreira e segurança são de nossa absoluta competência.

Para que possamos construir nossa carreira (atual ou não), devemos nos preocupar, antes de tudo, com nosso desenvolvimento. É preciso, portanto, que tentemos nos concentrar cada vez mais nas necessidades do cliente (empresa) e fiquemos mais qualificados e competitivos que os concorrentes (pares). Só sobreviverão aqueles que conseguirem, a exemplo das demais organizações, manter-se focados nos clientes com produtos atuais e competitivos perante os concorrentes. Essa é a visão de empregabilidade que nos catapultará à segurança e ao progresso.

Compete, pois, aos professores passar aos alunos a visão de que a carreira de administrador vai além de trabalhar para uma empresa em busca da pretensa segurança, implicando a condição de que o profissional tem de ser empreendedor dentro e fora dela. Essa visão empreendedora é cada vez mais a chave do sucesso nos dias de hoje, tanto para carreira individual quanto para organização empresarial. Outro aspecto importante é a capacidade de assumir os riscos inerentes às tomadas de decisão e, mais ainda, de adquirir velocidade na capacidade decisória. Nesse mercado cada vez mais competitivo, só terão sucesso os profissionais e as empresas que demonstrarem flexibilidade e capacidade de *aprender a aprender*.

Vamos fazer um pequeno exercício para quebrar nosso paradigma da segurança do emprego e mostrar que não teremos nada mais do que temos, fazendo as mesmas coisas de hoje. Nossa crença na segurança do emprego e da empresa repousa no seguinte fato: toda vez que recebemos nosso contracheque, aparece simultaneamente, no banco em que nosso salário foi depositado, um lançamento único equivalente (ex.: se ganhamos R$ 1.000,00 após as deduções, vai aparecer no terminal do banco um único lançamento de igual valor). Imaginemos agora que, em vez de nosso cliente-empresa fazer um único lançamento, ele passe a lançar parte do recebimento de seus clientes diretamente em nossa conta, mas sempre totalizando R$ 1.000,00. Teremos a cada mês a surpresa de haver mais ou menos lançamentos, com valores menores ou maiores, em função de como a empresa está indo no mercado. Ao entender esse quadro, não teremos mais essa crença de segurança que temos hoje.

Além disso, tenha em mente que o sucesso da empresa em que trabalhamos depende mais de você do que propriamente você depende da empresa. E isso se torna muito mais verdade à medida que essa empresa é de serviço e/ou de produtos que cada vez mais se *comoditizam*. Por exemplo, quanto passa a valer um salão de beleza, uma agência de propaganda ou uma empresa cujo melhor profissional resolveu sair para o concorrente ou para montar seu próprio negócio?

Empregabilidade

A empregabilidade está ligada à *competência* de cada profissional em garantir seu emprego atual ou em sair da situação de desemprego para a de emprego. O termo surgiu com o desaparecimento de milhares de postos de trabalho e até de profissões em muitos países, por conta da maior utilização da tecnologia, da necessidade da redução de custos de operação das empresas e dos novos modelos de administração, na busca pela sobrevivência e pela perpetuidade da organização.

Certos aspectos são imprescindíveis para se atingir um nível aceitável de empregabilidade, por exemplo:

- Atualização dos conhecimentos profissionais.
- Atualização dos conhecimentos da equipe que se lidera.
- Obtenção e otimização do uso de informação de caráter geral, que circula na mídia.

GESTÃO DE MUDANÇAS • **103**

- Análise das mudanças que atingem a sociedade e as empresas, no Brasil e em todo o mundo.
- Análise do ambiente comercial, político, financeiro e tecnológico.
- Saúde física e mental, evitando o estresse.

Como isso funciona? Por exemplo, se você se sentir mais bem capacitado profissionalmente, sua segurança, autoconfiança e autoestima aumentarão. Então você tenderá a desempenhar melhor seu papel profissional e seu papel social, sejam quais forem (avô, avó, pai, mãe, filho, filha, consumidor, amigo).

Com uma melhor capacitação, você certamente terá mais firmeza em suas negociações com seu chefe, com subordinados, clientes ou fornecedores; terá mais e melhores ideias em seu trabalho; e vai poder se tornar um exemplo para aqueles que têm mais dificuldades do que você. Melhores oportunidades de crescimento profissional e pessoal surgirão, pois você estará energizado, sintonizado com o mundo e estimulado a fazer o seu melhor.

Hoje, é grande a necessidade que todos os profissionais têm de dar tudo de si. Instância de planejar e atingir metas, relacionar-se na empresa e com clientes de maneira positiva, liderar pessoas com consciência e permitindo sua participação nos processos organizacionais, ser responsável pelo próprio desenvolvimento profissional (mesmo que a empresa não queira ou não possa pagar aquele curso "que eu queria tanto fazer") e cuidar da saúde, proporcionando-se períodos regulares de descanso e vida pessoal regrada.

Dirija o filme da sua vida. Não seja apenas o espectador passivo, e assim você verá resultados e um final feliz.

MILÊNIO DAS MUDANÇAS

Um dos fatores responsáveis pelo clima de mudança no meio empresarial, a partir dos anos 1970, foi a revolução da informática, que permitiu um crescimento extraordinário no setor de serviços. Em seu redor gira boa parte do Produto Interno Bruto (PIB) e da capacidade de geração de empregos, tanto nos países desenvolvidos quanto naqueles ainda em desenvolvimento. Hoje em dia, as linhas de montagem estão cada vez mais automatizadas e empregam menos gente. A própria IBM, à medida que duplicava sua produção, percebia que nunca conseguia obter ganhos de escala na área administrativa por conta disso. Cada vez que havia uma duplicação na escala de produção, a escala de administração triplicava – um paradoxo a ser superado.

Uma análise mais cuidadosa revelou que nas áreas administrativas não se tem uma apreciação completa do resultado do trabalho dos profissionais. Em uma área de produção é possível aferir, por exemplo, o ritmo da linha de montagem. Quem não estiver atingindo determinados índices e objetivos de produção ou rejeito ficará claramente exposto. Em uma área comercial, da mesma forma, se um vendedor ou gerente não atingir certos objetivos de venda, ele será detectado automaticamente. Quando se diz que o trabalho é a venda do tempo, isso se torna um paradoxo na área administrativa, porque tempo para reuniões, para redigir relatórios e atividades afins não é exatamente o que se pode chamar de tempo produtivo.

Isso dificulta a avaliação de desempenho nas áreas administrativas, que acabam trabalhando com muita "gordura", isto é, excedente de pessoal.

Uma estatística histórica da Xerox apontava que cada original gerava cinco cópias. Dessa forma, as matrizes, as *holdings* e as partes administrativas das empresas acabam vivendo para si próprias, em um emaranhado de controle de papéis e relatórios, sem que se possa medir claramente o custo-benefício dessas atividades.

Voltando à revolução da informática nos anos 1970, a IBM criou o computador pessoal e, já em 1968, partia da premissa de que era possível mandar o pessoal administrativo para casa, reduzindo os custos dos escritórios da empresa e eliminando as dificuldades do controle de produtividade, fazendo-os trabalhar em bases diferentes. Naquele ano, a IBM escolheu uma filial no norte da França e transferiu o pessoal a fim de que trabalhassem em suas casas. Seis meses depois, para surpresa de todos, esses mesmos empregados bateram na porta da empresa pedindo para trabalhar nos moldes antigos, isto é, marcando ponto, com chefia direta etc. Uma análise do fato, feita por psicólogos e diversos terapeutas, revelou que aqueles empregados sentiam-se afetados em casa pelo televisor, o cachorro, a esposa, enfim, a rotina doméstica, dando a entender que local de lazer não era local de trabalho.

Assim, chegamos a uma triste constatação: se desejamos nos concentrar na área de serviço, administrando-a com tecnologias modernas, a exemplo do que foi feito no período de transição entre a revolução agrícola e a industrial, precisamos abolir a cultura industrial. Desde os anos 1970, estamos sofrendo um processo de mudança cultural no sentido de constituir uma nova cultura de serviços ou de informação, como classifico o momento que estamos vivendo. As pessoas na faixa dos 30 anos são os remanescentes da cultura industrial, que se encontra em extinção. Seus filhos viverão uma fase de transição, ao passo que seus netos já serão fruto de uma nova cultura social e econômica, muito diferente daquela em que fomos criados.

A experiência da IBM mostra, portanto, que as pessoas não tinham a cultura de trabalhar em casa sem horários rígidos porque a estrutura familiar havia sido esfacelada. Elas não tinham mais a capacidade de conciliar a dualidade trabalho-lazer, no mesmo local e ao mesmo tempo. Está cabendo, dessa maneira, ao sistema econômico desenvolver uma cultura diferente, que possa acolher as novas tecnologias relacionadas à informática e às telecomunicações. Sendo assim, desde os anos 1970, somos paulatinamente treinados a encarar o trabalho não mais como a venda do tempo de lazer e a nos concentrar na produção e nos resultados. Horários flexíveis, contratos de trabalho por tempo determinado estão se tornando cada vez mais uma realidade. Nos Estados Unidos, mais de 10 milhões de pessoas trabalham hoje em suas próprias casas, no que chamamos de *soho* (*small office/home office*), um bom exemplo do cenário que se aproxima.

Com o advento das franquias, estamos assistindo a familiares trabalhando juntos novamente, com um mesmo objetivo, e obtendo resultados diretamente ligados à produção. Para que essa cultura de serviços possa ter sucesso, é necessário que se alterem algumas variáveis culturais. Primeiro, o trabalho não pode mais estar vinculado ao tempo (horários flexíveis); segundo, precisamos de uma nova visão do que é vida em família, transformando-a em algo mais prazeroso; terceiro, é necessária uma preocupação maior com o lazer e a qualidade de vida; por último, o modelo de ensino básico deve flexibilizar o *adestramento* da linha de montagem, e os pais devem se envolver mais na educação das crianças. Quando esses conceitos forem incorporados, as novas tecnologias, que já existem, serão rapidamente assimiladas aos processos produtivos. Sofreremos uma aceleração desse processo à medida que a TV e o computador se tornarem um único eletrodoméstico.

A rapidez da transição depende de nossa capacidade de absorção dessa nova cultura. É preciso construir a mentalidade de que estar em casa é uma coisa boa, sem que haja qualquer conflito com a ideia de trabalho no lar. Cada vez menos pessoas terão carteiras de trabalho assinadas, registrando a venda de suas horas de lazer. E cada vez mais os contratos de trabalho serão por tempo determinado e por produção determinada, ou até mesmo indeterminada. O trabalho será algo cada vez mais familiar, realizado dentro de casa, com participação de toda a família. O conceito do social começa a caducar, e o foco sobre o indivíduo vai se tornando cada vez mais importante.

Há um resgate de valores da cultura agrícola e artesanal em face do declínio do modelo industrial, que já não se presta mais ao momento atual. As relações entre capital e trabalho estão mudando. Não dá mais para ver a empresa como uma grande família, e o conceito de segurança no trabalho está sofrendo uma revisão diante da nova realidade de empregos. A lealdade entre patrão e empregado fragiliza-se. Cada vez mais o indivíduo assume o controle de seu destino, sem a intervenção de um "chefe", "patrão" ou "governante".

O papel do Estado também se fragiliza dentro do quadro da economia global, perdendo sua antiga importância. As pessoas dividem-se entre as que detêm tecnologia e informação, e as que não dispõem desses bens. Quem tomar decisões com maior rapidez prosperará mais, dentro desse quadro de crescente tecnologia em todas as profissões. Hoje, para se ingressar no mercado de trabalho, um diploma já não basta – é necessário ter cursos de extensão, pós-graduação, línguas, informática, elementos que já se tornaram pré-requisitos dentro desse ambiente extremamente competitivo com o qual nos defrontamos.

O sonho de fazer carreira em uma única empresa está se acabando, já que as organizações estão desaparecendo antes que as pessoas possam se aposentar. Os modelos socialistas e corporativistas estão sendo assimilados pela ótica do individual. É a pessoa, agora, quem determina sua própria formação, sua carreira e seu sistema de previdência. As instâncias superiores de proteção estão sendo postas em xeque e perdendo seu valor. Para muitos, esse quadro é aterrador por ser uma ameaça, mas é preciso ver, também, que ele representa uma oportunidade. Quem for competente e estiver focado em seu cliente com algum diferencial sobre a concorrência, vai prosperar e ter condições de ser bem-sucedido. Muito poucos, entretanto, são candidatos a subir no pódio; à maioria, resta apenas a sobrevivência.

DECIDIR É MUDAR

Como já vimos, cultura significa um somatório de crenças. As empresas de hoje precisam adequar seus produtos à cultura do cliente para que sejam bem-sucedidas em termos empresariais. A partir do momento em que não conseguem perceber essa necessidade de adequação, elas são praticamente alijadas do mercado, cedendo terreno ao concorrente.

É impossível, na atualidade, que uma empresa tenha a certeza de continuar a existir nos próximos vinte anos; por maior que seja, ela está sujeita às variáveis do mercado e dos clientes. Esses são os verdadeiros responsáveis pela existência de qualquer organização, e – é bom lembrar – eles estão sempre mudando de necessidades. Se uma empresa não perceber rapidamente que tipos de mudanças estão ocorrendo, poderá perder mercado ou até mesmo ver-se fora dele. Nunca é bom esquecer que, das 25 maiores empresas americanas do início do século, apenas duas continuam em atividade, a General Electric e a USX.

Podemos imaginar vários cenários aterradores para a sobrevivência de uma organização. Vamos tomar como exemplo o McDonald's. Em uma época em que o culto ao corpo e à saúde determina cuidados especiais com a alimentação, a empresa, com seus produtos, torna-se inadequada a esse perfil de cliente. Mesmo dentro do conceito de comida rápida e preço justo, a famosa lanchonete não contava com o advento da comida a quilo no Brasil.

Esse é o mesmo caso de organizações como a Coca-Cola, cujos produtos estão longe de ser saudáveis ou ecologicamente corretos. Dentro de um cenário de crescente preocupação ecológica, não é difícil imaginar o dia em que, por exemplo, empresas tradicionalmente geradoras de lixo, por conta de seus descartáveis, sejam alvo de pesadas multas. Visto que o custo da coleta e reciclagem desses resíduos recai sobre a sociedade, nada mais lógico que esses encargos sejam passados para quem produz lixo.

Uma tal medida afetaria profundamente empresas como McDonald's, Coca-Cola e tantas outras. Ou, ainda, a Souza Cruz, que enfrenta terríveis pressões antitabagistas por todos os lados, algo inimaginável há alguns anos. Essa transformação é uma prova clara da mudança de cultura no mercado, que pode pegar uma grande empresa desprevenida.

Na verdade, contudo, não é bem assim; elas sabiam que isso viria um dia a acontecer. O problema é que foram lentas em sua ação, ou seja, na decisão. Lembrando a frase atribuída a Bill Gates, "o sucesso é um péssimo professor: ele ensina a gente brilhante que é impossível errar".

Vimos também que a própria estrutura organizacional tradicional ficou cristalizada por conta de dificuldades nos processos de informação. Esse cenário de constante modificação e competição afeta as empresas e, em última instância, nossas próprias vidas, tanto sob aspectos pessoais quanto profissionais.

Na prática, toda organização disputa um território contra seus concorrentes pouco maior que um palmo de extensão: a mente do consumidor. Ali são travadas todas as grandes batalhas de mercado com o concorrente, dentro de um conceito de marketing conhecido como *share of mind.*

Já comentamos que crença é igual a um conceito mais um valor; assim, as pessoas têm, dentro de suas mentes, "arquivos" nos quais estão registrados conceitualmente os significados de uma cerveja, um cigarro ou um sanduíche. No interior desses arquivos, existe uma quantidade de marcas que expressam os valores agregados dos produtos. A ordenação dessas marcas como valores, dentro desses arquivos mentais, decorre da antiguidade, do número de impactos e das satisfações percebidas, o que determinará um valor agregado.

Assim, sabemos conceitualmente o que significa cada tipo de produto, que se encontra especificado para nós de acordo com sua marca. Nosso ato de decisão, na hora da compra, terá como base essa escala de valores preestabelecida. Esse é o grande desafio das empresas: a associação de sua marca a esse instante de decisão por parte do consumidor. É uma disputa pelo *share of mind* na cabeça de cada público-alvo.

O grande desafio, seja na área de marketing, seja no processo decisório, é o aspecto da crença e da mudança de valores. Nos últimos cem anos, evoluímos muito no que se refere a formação, e nem sempre houve contrapartida no que diz respeito aos valores. É necessário, hoje, que se saiba quais são os valores decisórios do consumidor e dos próprios executivos em suas empreitadas e seus momentos de decisão.

Vivemos, talvez, a fase mais intensa de toda a história do capitalismo, na qual o valor do dinheiro passou a exceder seu aspecto conceitual, deixando de ser apenas um número, um meio de troca, para se tornar uma referência, o que leva a uma série de outras decisões. Essa transformação deve ser incorporada rapidamente, e é preciso que se entenda que o valor dado, atualmente, ao capital não pode ser tão descomunal a ponto de distorcer as decisões da forma como vem acontecendo.

O conceito de dinheiro surgiu da ideia de troca e, nos dias de hoje, passou a ser um fim em si mesmo. Essa distorção reforça, como já vimos, a cultura de "viver para o trabalho", que deveria ser cada vez mais integrada àquela de "trabalhar para viver", a fim de que se chegasse a um equilíbrio. Esse fenômeno já vem ocorrendo em algumas sociedades, nas quais é presente a noção de que o objetivo final das decisões individuais é a busca da felicidade. De fato, o dinheiro pode facilitar o acesso a uma série de oportunidades, proporcionando, teoricamente, uma gama maior de opções. Entretanto, toda essa facilidade não é garantia de felicidade.

A partir dos anos 1970, com o advento da informática, ingressamos no que se chama de cultura de serviços, a qual tem muitos pontos em comum com a cultura artesanal, vista anteriormente. Estamos passando da velha cultura industrial, de ter um emprego, vender o lazer e desfrutar a tutela do Estado, para outra na qual o indivíduo é novamente o privilegiado, e não mais o "social", como na época da cultura industrial. Estamos testemunhando o resgate do conceito de trabalhar por produção, em que se abandona a noção de venda do tempo, já que este passou a ser algo relativo; assistimos à volta do envolvimento familiar no processo produtivo e educacional e à compatibilização entre lazer e produção.

Podemos concluir, afinal, que não existem modelos ou soluções ideais. Para cada decisão a ser tomada sempre haverá risco. Deveremos constantemente analisar a relação custo-benefício. Os valores e as crenças mudam, como já vimos, e o processo evolui, inexoravelmente, para um novo paradigma, sempre à frente no tempo e no espaço.

DECISÃO E GESTÃO DE MUDANÇAS

Já vimos que nós e nossas empresas somos, por natureza, resistentes a mudanças. Isso significa dizer que só mudamos porque precisamos, não porque queremos. Essas mudanças vão ocorrer de acordo com o padrão custo-benefício intenso em cada um de nós, interiormente. Tomamos ciência de como se processou a mudança dentro do indivíduo, mas veremos agora como se processa dentro de um grupo.

É importante que se perceba como se dão as mudanças de maneira coletiva, uma vez que é assim que trabalhamos na maior parte de nossas vidas. Ao avaliar um grupo, portanto, de acordo com a Figura 13.1, podemos observar três categorias distintas de personalidade em relação a um movimento de mudança. Vemos os inovadores, os quais são, por natureza, não conformistas; os seguidores ou pragmáticos; e os resistentes ou conformistas.

Os primeiros – aqueles que chamamos de inovadores – são tidos como *não conformistas* por terem uma inquietação interna maior, que os leva a aceitar uma mudança do *status quo*. Esse grupo, em geral, é constituído por uma minoria, algo em torno de 10% ou 15% dos participantes de um grupo homogêneo e, dependendo do ambiente em que transitam, suas tentativas podem muitas vezes ser vistas como sinal de rebelião. Em ambientes estáveis, em que não há ameaças externas, esse grupo é rapidamente neutralizado, visto que as empresas estão mais interessadas em manter a sobrevivência e o *status quo* que em realizar mudanças que impliquem riscos. Daí esses indivíduos não poderem contar com a confiança da maior parte do grupo. Na verdade, eles parecem possuir um faro especial para detectar mudanças no ambiente e na sociedade, e isso é percebido pelo restante do grupo, que nem sempre os aceita bem.

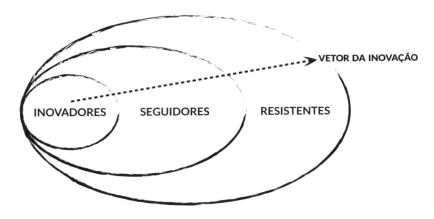

FIGURA 13.1: Decisão e grupos.

A segunda categoria – a dos seguidores ou pragmáticos – é caracterizada por uma maioria de formadores de opinião, que, em uma população aparentemente homogênea, somam algo entre 30% e 35%. Possuem bastante senso prático e uma noção muito clara da relação custo-benefício. Essas pessoas admitirão adotar o novo estado de mudança, desde que não sejam as primeiras. Em um ambiente estável, terminarão por gerenciar o restante do grupo.

Em terceiro lugar temos o grupo dos resistentes, que constitui a maior parte (entre 50% e 55% do geral). Seus integrantes são caracterizados por sua resistência ou conformidade, limitando-se a acompanhar o restante do grupo. A questão é que eles evitam, a qualquer custo, as perdas. Para essas pessoas, a mudança só ocorrerá depois de perceberem que a maior parte já está em movimento.

Nos ambientes estáveis, de baixo risco, existe muito pouco espaço para os inovadores ou idealistas. À medida que a pressão externa da ameaça, inclusive a dos concorrentes e a do tempo de ação, acentua-se, o grupo atravessa uma crise na qual, naturalmente, um grupo de pragmáticos assume a liderança, passando a multiplicar as necessidades de mudança. Assim, o movimento ganha massa crítica e é adotado pelos demais seguidores e resistentes, o que lhe granjeia credibilidade e respeitabilidade. É aberto, enfim, o caminho para a realização de mudanças.

Até o instante do movimento iniciado pelos inovadores ou idealistas, tínhamos apenas uma *revolta* ou *conspiração*. A partir do momento em que os seguidores ou pragmáticos assumem a liderança, abre-se a possibilidade real do movimento de mudança. Os resistentes – ou a "massa" – só entrarão em ação quando se sentirem ameaçados ou excluídos, passando a adotar o movimento mais pelo receio de se verem alijados do processo que por convicção genuína.

Ao se observar essa tendência, torna-se possível tecer considerações a respeito de como se propõe e se entende um movimento. A fim de ser bem--sucedida, é fundamental que uma mudança de natureza tão vital tenha alguma espécie de patrono ou "padrinho", alguém que deve ter influência e ser, seguramente, um formador de opinião. Daí em diante, poderá, então, o movimento aspirar à credibilidade.

Sendo assim, qualquer um que deseje promover mudanças, em razão de seu caráter inovador, avesso ao conformismo, deve arregimentar seguidores simpáticos a suas ideias. É muito importante, portanto, manter um grupo de inovadores em atividade em qualquer empresa, tendo em vista que estamos passando por um momento de grandes mudanças. E esse momento é fundamental para a sobrevivência das organizações e para estimular o surgimento desses indivíduos, como um alerta às ameaças externas.

Levando em conta a premissa de que "toda unanimidade é burra", pode ser alarmante a constatação de que não há, em determinado grupo, a menor sombra de discordância quanto aos rumos a serem seguidos pela empresa. No caso do Brasil, a exemplo do Ocidente, não fomos ensinados a conviver com a diversidade, mas a seguir obedientemente um padrão comum. Essa busca pela unanimidade produziu distorções, uma visão míope incapaz de identificar as ameaças e necessidades ditadas pelo tempo e pelo ambiente; compete a nós, portanto, suprir essas deficiências. Contudo, ao tornar essas dificuldades manifestas, é possível enriquecer o pensamento comum e a visão do conjunto.

Há cada vez menos espaço para o radicalismo, uma vez que este conduz a uma percepção unilateral da realidade. Quando se compreende que o todo apresenta diferentes aspectos, a percepção e flexibilidade aumentam. Já vimos que essa "flexibilidade" tão almejada é uma função da cultura do grupo. Para que se possa efetuar uma mudança "cultural", é importante que se conheça o processo de aprendizagem do indivíduo, a fim de compreender o grupo e seu processo de mudança. Sabendo que somos, primariamente, resistentes à mudança, é interessante entender a origem desse problema, que está resumida na Figura 13.2.

FIGURA 13.2: Decisão e desenvolvimento.

A análise do diagrama anterior mostra que existe a chamada "zona de conforto" – uma área de segurança que faz uma interface com aquilo que é inconveniente, no domínio psicológico e desconfortável, no âmbito físico – e o desconhecido. É natural que se procure administrar não apenas a vida mas também as empresas na zona de conforto. Essa área é múltipla: ramifica-se por outras zonas, sejam físicas, espirituais ou financeiras. O conforto proporcionado por ela será maior ou menor de acordo com nosso grau de desenvolvimento. Enfim, quanto mais nos aprimoramos, mais ampliamos essa zona de conforto, a qual varia entre as pessoas no que tange à especificidade e evolução.

No útero materno, estávamos em uma zona de conforto, desfrutando calor, alimentação e proteção. Ali provavelmente ficaríamos, se não fôssemos obrigados a nascer. À medida que o feto se desenvolve, o espaço começa a se restringir; o próprio útero entra em fase de contrações, criando uma situação desconfortável que só termina com o nascimento. Assim, para "nascer" é necessário sair da zona de conforto, e isso se constitui na primeira decisão de nossas vidas.

Qualquer processo de desenvolvimento só tem lugar quando atravessamos o limite dessa zona e nos confrontamos com o que é inconveniente, desconfortável ou desconhecido. Em geral, essa opção não é nossa, e sim resultado de uma situação na qual nos encontramos, e essa experiência nos é imposta.

Isso nada mais é que uma fonte de aprendizado, com vistas à ampliação da zona de conforto anteriormente mencionada. Para tal, passamos por quatro grandes fases de aprendizado – a Ignorância, o Conflito, o Conhecimento e a Sabedoria –, demonstradas na Figura 13.3.

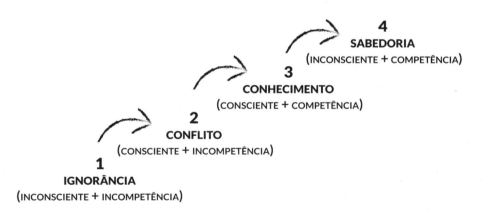

FIGURA 13.3: Ciclo do aprendizado.

Na primeira fase, a da *Ignorância*, encontramo-nos, como o próprio nome sugere, inconscientes em relação a nossa incapacidade ou falta de conhecimento. Apelidada de "não sei que não sei", essa primeira etapa (na verdade, uma pré-etapa, já que antecede a "largada" e representa o estágio inicial) é exatamente o que mais dificulta o aprendizado. É necessário que o indivíduo em questão receba um estímulo externo que o leve a tomar conhecimento e, então, partir para a segunda fase.

Logo em seguida, quando o sujeito toma conhecimento da sua ignorância, ele se encontra na fase do espanto e da admiração. Ou seja, ele está "a par" ou em *Conflito*. Conhecida como o estágio "sei que não sei", é aí que percebemos nossa incompetência, e então entramos em uma situação cheia de crises e perplexidades. É quando estamos fragilizados pela frustração por conhecer mais detalhadamente nossa imperícia que acabamos mais propensos a procurar conhecer o caminho do aprendizado e da sabedoria; ou ainda, caso contrário, recuar para o conforto da ignorância.

Já a terceira etapa do processo representa a concretização da aquisição de novo *Conhecimento*. Ela é apelidada de "sei que sei", quando nos tornamos plenamente conscientes de nossa nova competência. Esse processo decorre, em grande parte, da capacidade de dominar o desconforto e transcendê-lo, adquirindo um grau maior de confiança que vai permitir que descubramos até onde vai a nossa capacidade.

Por fim, ingressamos na quarta e última fase, que é da *Sabedoria*. Nela nos tornamos inconscientes de nossa competência. Passamos a não mais saber que sabemos, o que significa que o conhecimento transforma-se em hábito que foi internalizado em nós e é refletido em ações comuns do dia a dia. Ao chegar ao fim do ciclo, adentramos em uma zona de conforto mais ampla, que deve ser transcendida novamente no futuro, gerando um novo ciclo.

Um bom exemplo desse ciclo, pelo qual todos nós passamos, é o de aprender a andar. Para o ser humano, caminhar sobre os dois pés é uma das coisas mais difíceis que existem. Enquanto nos encontrávamos na fase da Ignorância, em que éramos os únicos da casa que estavam sempre sentados, éramos felizes e não sabíamos. Um belo dia, porém, ao observar que nossos pais e outros entes mais velhos andavam sobre dois pés, passamos para o estado do Conflito, da confusão.

A partir daí, começamos a engatinhar e, com a ajuda de nossos pais, em um belo dia estávamos andando. Isso só foi possível, porém, porque pudemos contar com seu incentivo e sua tolerância com os nossos erros, ao nos erguer a cada queda. Quando atingimos o estado da Sabedoria, chegamos até a esquecer que sabemos caminhar e, inclusive, somos capazes de andar e conversar – ou comer, assobiar etc. – ao mesmo tempo. Criamos, portanto, uma nova e mais ampla zona de conforto.

Não obstante, poucos de nós temos a capacidade de andar em uma corda bamba ou sobre um par de pernas de pau, porque isso, em princípio, não nos é necessário. Mas se no caso de um incêndio, por exemplo, tivermos de nos locomover fazendo uso de um desses apetrechos, seria necessário entrar em novo ciclo de aprendizagem. Nele, partiríamos de nossa Ignorância para ingressar no estado de Conflito, passando então para o de Conhecimento e, por fim, o de Sabedoria, caso continuássemos treinando a habilidade.

No decorrer desses quatro estágios de aprendizagem, o que nos interessa, na verdade, é mais a ação de quem está promovendo o aprendizado que a do próprio aprendiz, seja ele o chefe ou o professor. A primeira tarefa do orientador é a de despertar a atenção do subordinado ou aluno, provocando-o, de forma a proporcionar o seu ingresso na fase do conflito – "A Par". Isso é feito, geralmente, tanto de maneira politicamente correta (desafiando e instigando a curiosidade) quanto de forma rude, fazendo uso de adjetivos sem lisonja, como "incompetente" e "burro".

O segundo papel do interlocutor, após ter promovido o ingresso de seu subordinado ou aluno na etapa A Par, é dar-lhe o acompanhamento ou atenção adequada, a fim de que passe rapidamente para a fase de Conhecimento. Nesse momento, como nossos pais, quando estamos na qualidade de orientadores, devemos mostrar o máximo de tolerância com os eventuais erros que serão cometidos pelo nosso pupilo. Caso contrário, é possível que se cause um trauma no decorrer do processo. Para fazê-lo chegar à fase da Sabedoria, é necessário manter o interlocutor repetindo o processo até que ele o internalize por completo, com motivação e disciplina.

Quando falamos de provocação e motivação, é preciso entender que as pessoas movem-se em um plano de satisfação e de necessidade. Sobre provocação especificamente, existe a maneira polida de se fazer, que é pelo questionamento, pela indagação e pela reflexão; e existe também a maneira descortês, que não é politicamente correta mas que funciona para alguns perfis motivacionais – a ofensa e o xingamento.

Ao identificarmos em nosso aprendiz uma necessidade mais premente, a satisfação dele torna-se um elemento de motivação. A escala de Maslow foi pioneira em mapear as necessidades humanas, atribuindo a elas "moedas" que simbolizam os fatores de atendimento dessas carências. A sequência está demonstrada na Figura 13.4.

FIGURA 13.4: Escala de necessidades de Maslow.

A primeira necessidade, a de sobrevivência, está intimamente ligada com o básico da existência humana – alimentação, moradia, vestuário etc. –, que são coisas pagas com a "moeda" dinheiro. Uma vez satisfeita essa necessidade, o indivíduo adotaria um novo patamar em busca de segurança, ou seja, da manutenção das conquistas atuais. Essa necessidade seria remunerada com a "moeda" expectativa e a "crença" da não perda.

Com a carência de segurança satisfeita, o indivíduo em questão se voltaria para as necessidades sociais ou afetivas – a aceitação dentro do seu grupo e na sociedade de modo geral, paga com a atenção e o carinho dos demais. E aí, em seguida, segundo Maslow, o homem passaria a ter uma necessidade de estima ou *status*, cujo pagamento se dá pelo reconhecimento e pela distinção do seu grupo de referência e pela sociedade. Aqui entram todos os símbolos de projeção social individuais – elementos de grifes, como Rolex, BMW, Mont Blanc etc. – e profissionais, sendo estes os que as organizações sabiamente utilizam quando enfocam a administração de carreiras – tamanho de salas, promoções etc.).

Finalmente, após ter atingido essas necessidades, o indivíduo almejaria a autorrealização, isto é, sua satisfação pessoal (quer no plano cósmico, quer no espiritual). Neste nível, a remuneração dar-se-ia pelo desafio, pela busca do prazer e do desenvolvimento espiritual.

Na prática, a teoria de Maslow, porém, não se verificava com essa linearidade de ordenação. É comum observar que pessoas com necessidade de autorrealização elevada não têm as demais necessidades satisfeitas. Os seguidores de Maslow propuseram, então, a teoria neomaslowiana, que, a partir da observação prática, ajustou o modelo clássico de Maslow, conforme a Figura 13.5.

FIGURA 13.5: Escala de necessidades neomaslowiana.

De acordo com a Figura 13.5, observamos que existe uma necessidade básica de sobrevivência, que antecede todas as demais. A partir daí, as demais necessidades não têm hierarquia sobre as outras, isto é, varia de indivíduo para indivíduo, e, no mesmo indivíduo, varia conforme o momento em que se encontra.

Analisando um empregado de uma empresa qualquer, observamos que sua versão da escala de necessidades encontra-se com os campos "autorrealização" e "segurança" dilatados em relação aos outros. Porém, supondo que esse sujeito tenha sido recentemente demitido, veremos que a escala vai sofrer uma readaptação, distendendo os campos "sobrevivência" e "segurança" em detrimento dos demais.

Já se formos levar em consideração o caso de uma pessoa que fica viúva, vemos que a escala sai de qualquer que seja o seu estado natural e passa a ter mais espaço ocupado pelo campo "afeto". E um novato em uma empresa, com uma esposa e cinco filhos para sustentar, vai ter na sua escala os campos "sobrevivência" e "segurança" bem mais alargados que os outros.

Enfim, adotar o sistema neomaslowiano como referência permite identificar a necessidade mais importante, naquele momento, daquele aluno, subordinado ou filho, e, satisfazendo-a, utilizá-la como alavanca motivacional e fator de mudança. Cabe salientar que um mesmo indivíduo, em face de alguma perda ou ameaça, pode ampliar algumas das bandas verticais ou até elevar a largura da faixa da sobrevivência (ex.: desemprego, falência de negócio etc.). O que acontece é que o campo "sobrevivência" sempre vai ter uma posição de destaque, mas as outras serão totalmente flexíveis, não havendo nenhum tipo de hierarquia como base para elas. Isso varia de pessoa para pessoa.

Por conseguinte, apresentaremos uma equação que vai calcular a eficiência do esforço motivacional sobre o indivíduo ou grupo. É como comparar o valor de um copo d'água para alguém que esteja em jornada de uma semana por um deserto e para outro que esteja se afogando em alto-mar.

A equação motivacional é expressa conforme a seguinte fórmula:

$$M = \alpha \times \beta$$

em que

α = expectativa de desempenho e
β = valor do prêmio $(0 < \alpha < 1)$

Para que possamos ser bem-sucedidos, dentro da premissa de que mudamos porque precisamos e não porque queremos, o fator α refere-se à crença do indivíduo ou grupo de que a conclusão de objetivos e a obtenção resultados são factíveis. De nada adianta um prêmio valioso se a possibilidade de fracasso no processo é alta. Compete a quem administra metas e objetivos levar em conta o potencial de realização do interlocutor e negociar um patamar que envolva esforços, mas que seja atingível. Metas arrojadas e muito elevadas não são motivadoras. É melhor sequenciá-las em etapas menores, em condições de realização. Por outro lado, metas individuais são mais motivadoras que metas grupais.

O fator β refere-se ao valor do prêmio, e é aí que os ensinamentos da estrutura neomaslowiana se tornam úteis. As moedas dessa estrutura (inclusive o dinheiro) são excelentes fatores de remuneração. O cuidado está em adequar a moeda correta ao perfil motivacional correto.

Para ficar mais claro, tomemos como exemplo um desafiador qualquer que prometa ao desafiado a quantia (dinheiro como moeda de Maslow) de R$ 1 milhão. Porém, ele só concederá o prêmio mediante uma condição: o desafiado deverá subir o morro Pão de Açúcar de patinete por todo o trajeto, sem bondinho. Impossível, não? A questão é, resumidamente: não importa que moeda seja oferecida, se as condições de realização da tarefa não forem executáveis.

ALGUMAS FERRAMENTAS PARA AJUDAR SUA DECISÃO

Dai-me uma alavanca e um ponto de apoio, e eu moverei o mundo.
Arquimedes

Começando com uma observação importante, os instrumentos que aqui enfocaremos são apenas alguns dos milhares que existem. Nosso objetivo é, na verdade, auxiliar o planejamento de decisões, tendo em vista a redução da incerteza e a implementação destas.

A árvore bayesiana

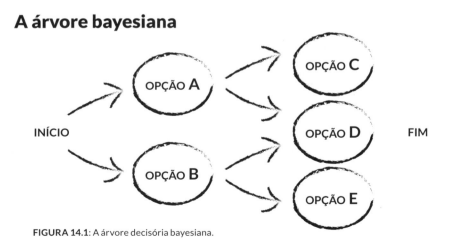

FIGURA 14.1: A árvore decisória bayesiana.

A árvore bayesiana serve para mapear todas as alternativas existentes a partir de cada *nó* ou *ponto de decisão* até o esgotamento de soluções e alternativas. Por meio desse processo, que funciona muito bem dentro de um pensamento linear e de relativa complexidade, podemos quantificar probabilidades de ocorrência e tentar traçar caminhos mais previsíveis.

Esse mecanismo representa, de forma organizada, a nossa vida como uma sucessão de decisões – a maioria delas inconsciente. A partir do momento em que acordamos, nos confrontamos com decisões rotineiras, como levantar ou continuar na cama para dormir mais um pouco e tantas outras. Para que fique mais fácil a compreensão de como funciona a árvore, veja a Figura 14.2 preenchida, simplesmente, com decisões comuns do dia a dia de qualquer pessoa.

FIGURA 14.2: Exemplo de árvore decisória.

O mapa de utilidades de Kotler

Como consumidores, nós decidimos com base em nossas crenças, com a influência de grupos de referência e em uma relação custo-benefício. Inconscientemente, na maior parte das vezes, desenvolvemos o que Kotler denomina mapa de utilidades.

Analisemos a seguinte situação-problema: para percorrer três quilômetros, pode-se resolver a questão andando a pé, de ônibus, carro, bicicleta, e assim por diante. O que nos leva a decidir é uma avaliação das necessidades diante da situação-problema, e uma análise de atributo das alternativas existentes. Por exemplo, se adotarmos a economia como referência, andar a pé passará a ser a melhor opção dentro da relação custo-benefício; se decidirmos pelo conforto ou pela rapidez, outras opções representarão melhor essa relação.

Enfim, é importante, perante uma situação-problema, mapear os atributos de custo-benefício, que passam pelas crenças e pelos valores. Depois é feita uma análise precisa de cada alternativa em relação a cada atributo.

	ÔNIBUS	A PÉ	BICICLETA	CARRO
CONFORTO	✓		✓	✓
VELOCIDADE				✓
CUSTO	✓	✓		

QUADRO 14.1: Mapa de utilidade.

Método analítico de hierarquias (MAH), versão simplificada – Jorge Duro

Enfrentamos grande dificuldade quando nos vemos diante de uma situação na qual é preciso comparar mais de dois atributos ou objetos simultaneamente. Se, por exemplo, pedíssemos a alguém para decidir, entre dois objetos, qual deles é o mais pesado, nosso interlocutor colocaria instintivamente um em cada mão e faria sua avaliação. Por outro lado, se lhe déssemos três objetos para a mesma decisão, provavelmente essa pessoa abandonaria um deles e compararia os dois restantes, e com esse resultado, faria nova comparação com o objeto abandonado. Para, enfim, facilitar os processos de seleção em seus aspectos qualitativos, foi elaborado o método analítico de hierarquias (MAH), em 1977, por Saaty.

Quando nos defrontamos com uma análise que envolve mais de dois assuntos, nossa faculdade de precisão se vê diminuída. O grande mérito de Saaty foi, portanto, transformar um processo de seleção em uma análise combinatória, de forma a obter a sequência completa da seleção. Assim, definidos e ordenados os atributos de acordo com seu critério de importância, torna-se possível ponderá-los dentro de uma escala própria de valores.

O modelo que aqui apresentaremos é uma versão reduzida, ou uma adaptação, do original elaborado por Saaty, envolvendo matrizes determinantes que perdem o sentido na prática diária. O preço dessa simplificação será uma redução de sua eficiência, que não implicará, entretanto, uma perda total de sua eficácia para a maior parte das questões de seleção.

Acompanhando o MAH simplificado, escolheremos um grupo de foco que é composto por especialistas de determinado assunto, ou adotaremos individualmente essa etapa dentro de nossas crenças. A primeira tarefa consistirá em determinar ou selecionar os atributos pertinentes à situação-problema, e, em um próximo passo, esses atributos serão ordenados em uma análise de comparação dois a dois, na qual o mais importante tem prioridade e adquire ascendência sobre o item secundário. A premissa em questão é a de que, se A > B e B > C, "A" será obrigatoriamente maior do que "C". Esse processo é feito sucessivamente até que se consiga montar uma sequência final, uma hierarquia, partindo daquilo que é mais para o que é menos importante.

A seguir, cria-se um orçamento limitado de pontos, para que o grupo de foco tenha uma mesma referência de escalas, respeitando rigorosamente a sequência ordenada. O grupo colocará esses pesos de forma que o mais importante tenha o maior peso; o segundo, um peso menor; e assim por diante. Por uma questão de consistência, caso não tenha havido empate durante a ordenação dos atributos, não poderá haver empate em relação aos pesos. Um item que tenha sido considerado mais importante na etapa anterior terá, obrigatoriamente, peso maior que outro menos importante. Para praticidade de operação, estabelece-se uma média de pontos por número de itens – cinco, por exemplo – para que se tenha um volume razoável de pontos a serem alocados nesse orçamento. Após essa ponderação, o grupo cria uma escala de parâmetros, que servirá para a avaliação de cada item ou de todos os itens.

Voltando ao exemplo do mapa de utilidade da situação-problema de se percorrer três quilômetros, chega-se ao levantamento, por exemplo, dos seguintes atributos: economia, conforto e rapidez. Caso adotemos minha escala de valores, posso enfocar que rapidez é mais importante que conforto, e conforto, mais importante que economia. Logo, rapidez também é mais importante que economia, e a hierarquia dos atributos passa a ser: (1) rapidez; (2) conforto; e (3) economia.

Adotando a sugestão de um peso médio correspondente a 5, terei um total de 15 pontos para ponderar a sequência dos atributos. Digamos que, do total de 15, eu adote os seguintes pesos: 8 para rapidez, 4 para conforto e 3 para economia. Das opções possíveis, digamos que se vá analisar ir a pé, de carro e de bicicleta, e que se passe a adotar a seguinte escala de parâmetros para avaliar os atributos: 2 = o *melhor*; 1 = *média* e 0 = *inferior*.

Analisando assim, teremos a matriz do Quadro 14.2.

ATRIBUTO	PESO	OPÇÕES		
		A PÉ	CARRO	BICICLETA
RAPIDEZ	8	0	2	1
CONFORTO	4	0	2	1
ECONOMIA	3	2	0	2
NOTA PONDERADA	15	6	24	18

QUADRO 14.2: MAH simplificado.

De acordo com o Quadro 14.2, percebemos que temos a seguinte ordenação de soluções: (1º) carro; (2º) bicicleta; e (3º) a pé.

Trata-se de uma ferramenta de grande valia em qualquer processo de seleção, demissão e promoção dentro do grupo, que serve até mesmo para auxiliar em procedimentos de escolha de projetos e fornecedores.

Decisão e tempo

As decisões, como já vimos, estão intimamente ligadas ao fator tempo, do qual nem sempre dispomos na quantidade necessária. O grande desafio é decidir acertadamente dentro de determinado tempo e com tranquilidade.

De nada adianta decidir quando o ponto de decisão já passou. Você deve aprender a definir as suas prioridades. Mas você vai nos perguntar: Como saber o que é prioridade diante de tantas tarefas a executar? E nós perguntaremos: O que lhe provoca mais ansiedade? Se você sabe, aí está uma boa dica de por onde começar.

128 • ALGUMAS FERRAMENTAS PARA AJUDAR SUA DECISÃO

Para fazer a divisão adequada do seu tempo, você deve dividi-lo entre seus vários papéis perante a sociedade:
- seu papel na família (compromissos com a família, pais, filhos, parentes em geral);
- seu papel na sociedade (compromissos com os amigos, lazer e entretenimento em geral);
- seu papel profissional (compromissos com o trabalho e diversos, como seminários, palestras, conferências e eventos); e
- sua aprendizagem contínua (compromissos com seu autodesenvolvimento como pessoa, por exemplo, com a prática de esportes, terapia, cursos e outros).

O ideal seria poder dividir igualmente o tempo entre os vários papéis. Como isso não é possível na prática, atribua valor a suas atividades. Divida-as entre assuntos importantes (relevantes para o atendimento de nossos objetivos) e assuntos urgentes (necessariamente realizados dentro de um prazo definido).

Na Figura 14.3, propõe-se uma forma de se configurar com rapidez uma decisão sob pressão de tempo.

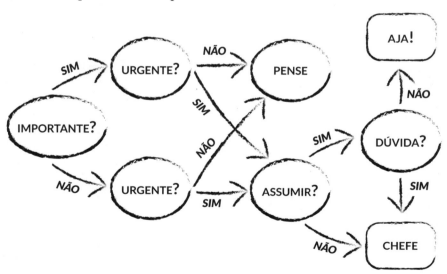

FIGURA 14.3: O processo decisório.

Para melhor entender a Figura 14.3, pense em uma decisão pessoal difícil, que você precisa tomar. Primeiramente, analise: essa decisão é importante? Sendo a resposta positiva ou negativa, pergunte-se agora se ela é urgente. Caso seja, você poderá assumir as consequências acarretadas por ela? Se sim, mas está em dúvida, como também mostra o teste, procure pedir auxílio a um chefe ou alguém mais experiente e seguro. Você sempre pode recorrer, principalmente em casos mais extremos, a terapias e recursos semelhantes também. Em todo caso, porém, o que sempre atrapalha e gera dúvida é algum tipo de valor interno que impede a decisão final.

Quando isso ocorre, dizemos que o indivíduo em questão encontra-se no cemitério dos indecisos, e será escolha dele mesmo cavar a própria cova ou não. Contudo, quando não há nenhum tipo de incerteza bloqueando a decisão, isso significa que você está atrasado. Então, é hora de agir.

Quando você vir que a decisão em pauta não apresenta nenhuma grande urgência, não se preocupe: haverá sempre algum tempo para pensar melhor. Caso contrário, é preciso não ter medo de pedir ajuda; afinal, nenhum de nós é absoluto, e duas (ou mais) cabeças costumam pensar melhor que uma.

COMUNICAÇÃO DAS DECISÕES

Uma vez que se chega a uma decisão, principalmente dentro do ambiente de trabalho, ou quando isso envolve outras pessoas, não basta decidir: é preciso saber comunicar e influenciar os outros em favor da decisão. Um profissional *decisor* completo é aquele que se prepara com constante atualização, que cultiva uma paixão por aprender e que adquire a habilidade de fazer o conhecimento funcionar.

Uma dessas habilidades é a capacidade de falar em público com naturalidade, clareza, técnica e elegância. Entretanto, trata-se de grande dificuldade para a maioria dos profissionais. Ainda assim, será recorrente a participação em reuniões, palestras, entrevistas, negociações, visitas a empresas, festas, homenagens etc. Por esse motivo, é fundamental estar preparado para apresentar ideias e decisões. Muitas dessas pessoas, aliás, perdem a oportunidade de uma projeção por desconhecerem técnicas e recursos básicos de comunicação, tais como usar melhor a voz, fazer gestos e olhar para as pessoas.

Considerando que vivemos em um sistema extremamente competitivo, com novos paradigmas, novas tecnologias e metodologias, e de transformações rápidas, o que exige maior agilidade das organizações, constatamos que o mercado está buscando cada vez mais um melhor preparo de seus profissionais. Falar bem e apresentar satisfatoriamente uma ideia é uma habilidade cada vez mais requisitada. Mas como podemos enfrentar nossas dificuldades para falar bem, com naturalidade e desenvoltura, mostrando todo o nosso potencial em qualquer situação?

Oferecemos, a seguir, algumas sugestões, compreendendo que cada um tem suas peculiaridades e seu jeito de funcionar.

AUTOCONFIANÇA. Quem cultiva e aprende a confiar em si mesmo consegue mais facilmente romper as barreiras do medo e correr alguns riscos. Correr riscos, aliás, faz parte da vida, e é por meio da autoconfiança – mesmo em situações arriscadas, até fracassando eventualmente – que asseguramos nossa evolução.

PLANEJAMENTO. Uma boa apresentação precisa de um planejamento abrangente, uma preparação organizada e um desenvolvimento apoiado em recursos e técnicas modernos. O planejamento adequado garante o dinamismo e a coerência de uma apresentação. Na fase de planejamento tem-se uma visão do todo, o objetivo da palestra, o público-alvo e o ambiente. É fundamental, nessa fase, ter em mente o que se espera da apresentação: informar, persuadir ou motivar pessoas. São itens a observar em todo planejamento:

- Qual é o propósito da sua apresentação?
- Quem é seu público-alvo?
- Quantas pessoas estarão presentes?
- Qual é sua relação com essas pessoas?
- Você conhece alguns pontos específicos dessas pessoas?
- O que você quer ao final de sua apresentação?
- Que evidências você terá caso o objetivo seja atingido?
- Que conhecimentos os ouvintes têm sobre o assunto a ser abordado?
- O que os ouvintes precisam saber sobre o assunto?
- Quais as perguntas mais difíceis que poderiam fazer?

PREPARAÇÃO. Terminada a fase de planejamento, inicia-se a etapa de preparação. A apresentação se desenvolve, basicamente em três etapas: o início, o meio e o fim. Nesse momento entram as questões relacionadas à definição dos objetivos, preparação da estrutura de retórica. Voz bem colocada, gestos adequados ao conteúdo da fala, postura e aparência condizentes com contexto; filmes, transparências, apostilas, vocabulário ajustado ao público-alvo; uso de estrutura de retórica, ilustrações, memorização etc.

AMBIENTE. É conveniente conhecer detalhadamente o local onde a apresentação será realizada, para definir o tipo de arrumação da sala de aula, sala de reuniões, auditório ou outro. Além do local, definem-se nesse momento os equipamentos e recursos que poderão ser utilizados.

TEMPO. Tudo deve ser previsto considerando o tempo disponível ou necessário para uma excelente apresentação. É fundamental, para quem deseja falar com naturalidade, conhecer bem o assunto a ser apresentado. Recomenda-se que seja feita uma boa conexão com os ouvintes, mantendo contato visual, explicando o objetivo da apresentação, estabelecendo interação com o grupo.

TREINO. É pelo treino que se cristaliza o conhecimento e se sedimenta o aprendizado, assegurando o caminho para o sucesso. Se é fundamental que as pessoas acreditem em si mesmas – ao fazerem isso, abrem-se perspectivas de resultados positivos, pois as pessoas persistem até acertar; e ao acertar, aperfeiçoam seus recursos para brilhar –, o exercício da apresentação, várias vezes antes dela mesma, é prática necessária para que se tenha coerência e unidade.

Antes de iniciar sua apresentação, é preciso:
- Revisar o conteúdo a desenvolver.
- Organizar os recursos necessários.
- Preparar seu material.
- Reforçar os aspectos mais importantes.
- Estar atento para não extrapolar o limite de tempo.
- Adequar linguagem (vocabulário ao público e ao ritmo do grupo).

POSTURA. Tonalidades diferentes de voz chamam a atenção dos participantes, quebrando a monotonia verbal. Ademais, respiração adequada evita desagradáveis pausas para respirar enquanto se pronuncia uma frase. Exemplifique sempre que puder, os participantes gostam de saber aquilo que sente o expositor, mas não simule sentimentos nem os reprima, se forem autênticos. Explique o assunto novamente, mas de forma diferente, sempre que houver dúvidas (peça ajuda ao grupo, se necessário).

- Estabeleça contato visual.
- Olhe para todas as pessoas igualmente, como se estivesse falando com cada uma individualmente.
- Postura relaxada inspira confiança.
- Gestos de mãos enfatizam tópicos.
- Fale com confiança.
- Faça os gestos certos.

O palestrante deve:
- Estar atento às manifestações individuais e grupais.
- Atestar suas capacidades pessoais.
- Avaliar seu comportamento.
- Seguir o programa previsto.
- Saber discutir com os participantes.
- Responder a todas as perguntas.
- Falar sempre *com* e não *para* o público.
- Levar em consideração os valores culturais e a opinião de seu público.
- Usar o humor com moderação.

PADRONIZAÇÃO. Crie um ritual. A plateia pressupõe que está tudo OK e quer que tudo corra bem. Dê uma pausa toda vez que apresentar tópicos importantes.

ENCERRAMENTO. Planejar o encerramento de uma apresentação é tão importante como planejar um bom começo. É vital sinalizar que o encerramento está próximo. O fim da apresentação precisa causar um bom impacto. Poderá ser feito com base em uma revisão dos pontos principais da apresentação, ou com a solicitação da participação do grupo em alguma atividade. Agradecer a presença e atenção das pessoas é educado e elegante.

Alguns graves erros na comunicação

São erros graves em comunicação:

- A desatenção de quem ouve.
- O hábito de interromper ou de falar ao mesmo tempo.
- A preocupação de mostrar que se tem cultura.
- O egoísmo.
- A vontade de querer dominar a conversa e o assunto.
- O pedantismo.
- A falta de sequência na conversa.
- O vício de querer sempre fazer graça.
- O espírito de contradição.
- A falta de calma na apresentação dos argumentos.

Os erros podem ser sanados com treino, dedicação, atenção e, principalmente, com a vontade de mudar. A seguir, apresenta-se um quadro do que é correto e o que não é, em uma apresentação.

CERTO	ERRADO
• Usar orações simples e diretas.	• Usar jargões ou linguagem imprópria.
• Usar os pronomes "você" e "eu".	
• Usar verbos de ação (correr, fazer, ir).	• Poluir seu discurso com dados irrelevantes.
• Preparar as frases para evitar tropeços.	• "Sufocar" a plateia com muitos detalhes.
• Incluir exemplos para ilustrar.	• Demonstrar superioridade.
• Simular exemplos de perguntas.	• Tentar imitar o estilo de outra pessoa.
	• Resmungar.

QUADRO 15.1: Erros e acertos.

NEUROCOMUNICAÇÃO

Se você deseja que o outro adote suas ideias e fique disponível para mudanças, este capítulo vai tratar de dois assuntos muito importantes – linguagem corporal e neurocomunicação. Ambos visam despertar e aumentar a confiança do(s) outro(s) em relação a você.

A linguagem do corpo é um meio misterioso e não verbal de as pessoas comunicarem inconscientemente o que estão realmente pensando. Sua importância para os profissionais de vendas reside no fato de que muitos clientes, na verdade, têm inseguranças ou relutam em comunicar abertamente suas intenções. Então, você tem de se basear no corpo para compreender o que as palavras dos interlocutores não estão dizendo.

O que torna a linguagem não verbal complicada é que ela deve ser considerada dentro do contexto da situação e de seu relacionamento com o interlocutor. Também são importantes as características pessoais de comportamento.

Tomemos como exemplo um interlocutor que esteja de braços cruzados: se fosse um tipo "analítico", isso não me incomodaria muito. No entanto, se alguém do estilo "amigável" fizer isso, com certeza, recomenda-se certa cautela.

E se o interlocutor estiver rígido e inflexível? Algumas pessoas podem agir naturalmente dessa maneira, porém, se for alguém do tipo "expressivo", e se estiver "se fechando" todo, ficando cada vez mais passivo ou rígido, mais uma vez se recomenda cautela.

Confira a seguir alguns tipos comuns de comportamento e o que significam, ou seja, o que o interlocutor está pensando ou sentindo.

ABERTURA
- Mãos abertas.
- Tirar casaco, paletó, aproximar-se.
- Inclinar-se para a frente.
- Descruzar as pernas.
- Braços cruzados suavemente sobre as pernas.

ENTUSIASMO
- Pequenos sorrisos ou risadas.
- Corpo firme e ereto.
- Mãos abertas, braços estendidos, olhos alertas.
- Voz bem modulada e com energia.

DEFESA
- Corpo rígido.
- Braços/pernas cruzados fortemente.
- Contato visual reduzido.
- Lábios contraídos.
- Cabeça baixa, com queixo sobre o peito.
- Punhos cerrados.
- Dedos entrelaçados sobre braços cruzados.
- Jogar-se para trás na cadeira.

RAIVA
- Corpo rígido.
- Punhos cerrados.
- Lábios fechados com força.
- Contato visual continuado.
- Pupilas dilatadas.
- Cenho franzido.
- Respiração rápida.

ALERTA

- Inclinar-se para a frente.
- Colocar as mãos sobre as coxas.
- Corpo relaxado mas rosto alerta.
- Ficar em pé com as mãos na cintura e pés levemente separados.

AVALIAÇÃO

- Cabeça levemente inclinada para o lado.
- Sentar-se na ponta da cadeira e inclinar-se para a frente.
- Mão na parte da frente do queixo ou na bochecha.
- Coçar o queixo ou a barba.

NERVOSISMO

- Limpar a garganta.
- Morder (lábios, unha, dedo).
- Cobrir a boca quando fala.

Já a neurocomunicação vai afinar seu processo de comunicação. Imaginemos uma cena em que o cliente faz uma pergunta ao vendedor: "O senhor tem aquele sapato azul-escuro com enfeites de couro e metal dourado?" O vendedor escuta e rapidamente responde: "Sim, e inclusive está com 30% de desconto." O cliente ouve desanimado e fica em silêncio. Os explosivos das objeções foram ativados. Algo está errado.

O que se deu com essa venda? O cliente fez uma pergunta de conteúdo visual e recebeu uma resposta auditiva. Provavelmente o cliente era visual, e o vendedor, auditivo. Vejamos algumas preferências:

VISUAL: aquele que precisa ver, gosta da beleza, aprecia o detalhe. É organizado e busca a harmonia.

AUDITIVO: aquele que precisa ouvir, gosta de objetividade, aprecia o resumo, a lógica e é pensativo.

CINESTÉSICO: aquele que precisa sentir, gosta do toque, da experimentação, da sensação e da ação.

Vender ou negociar é você se relacionar com seu interlocutor e sentir qual é o canal preferencial dele para lançar argumentos com endereços certos.

Para um interlocutor visual, você deve mostrar o produto, colocá-lo a uma distância apreciadora e girá-lo para que seja visto com os olhos do desejo. O visual deseja ver os detalhes do acabamento, comenta os acessórios e enfeita ainda mais o pavão, sem manipular.

Para um interlocutor auditivo, você deve dizer como o produto foi fabricado, fazer um resumo da durabilidade, das características, vantagens e benefícios, além de apresentar argumentos racionais e convincentes.

Para um interlocutor cinestésico, você deve fazer com que ele experimente o produto. Se for um sapato, peça a ele que sinta a maciez, o conforto, faça com que ele sinta a leveza do andar e que imagine os elogios que receberá por ter adquirido o melhor produto.

Aqui está a fonte de onde nascem as objeções: o erro neurolinguístico na abordagem inicial das vendas. Ora, quando se pergunta em uma língua e se responde em outra, obviamente não haverá entendimento, e as objeções virão como decorrência. Mas aí surge a grande pergunta: "Como saber qual o tipo de meu interlocutor? Está escrito em sua testa qual o canal de comunicação neurolinguística preferido?" Está, sim. Está na testa, no corpo que fala, nas reações, nas perguntas que ele faz. Não é difícil.

É preciso argumentar, na mesma frequência que ele sintoniza, com inteligência e sem desperdício. Agindo assim, você ganha poder porque antecipa possíveis objeções e faz com que estas morram antes que possam nascer.

DECISÃO:
O ÚLTIMO RECURSO

Caro leitor, como vimos no decorrer deste livro, o processo decisório – tanto individual como organizacional – é um assunto fascinante e desafiador. Não pretendemos tê-lo esgotado, apenas comentamos alguns aspectos, enfocando mais a visão dos valores que dos conceitos, que impactarão no seu processo decisório.

Se você ainda estiver em dúvida ou com medo de tomar aquela decisão difícil, e que você submeteu à Figura 14.3, vamos lhe apresentar um último recurso para facilitar.

Lembre-se de que o estresse do conflito da decisão acaba sendo somatizado, e isso certamente o desviará do objetivo básico de sua existência – sua felicidade e a daqueles que o cercam, quer em família, quer no trabalho. Lembre-se também de que só não erra quem não tenta, e quem não tenta erra duas vezes.

Duas das certezas da vida são que no futuro todos morreremos (a sorte é que a data é incerta) e que mudaremos (ou nos mudarão); portanto, assuma para si esta segunda certeza.

Sucesso em suas decisões, e, sempre que desejar, acesse:
www.decisor.com.br.

REFERÊNCIAS

BARÇANTE, Luiz C.; CASTRO, Guilherme C. *Ouvindo a voz do cliente interno: transforme seu funcionário num parceiro*. Rio de Janeiro: Qualitymark, 2009.

BARTLETT, Christopher A.; GHOSHAL, Sumantra. *Características que fazem a diferença*. HSM Management, julho-agosto 1998.

BARON, Jonathan. *Thinking and Deciding*. 2. ed. Nova York: Cambridge University Press, 2004.

BATESON, John E. G.; HOFFMAN, K. Douglas. *Managing Services marketing – Text and readings*. 4. ed. Orlando, FL: The Dryden Press, 2009.

CAMPOS, Anna. *Decisão e informação gerencial – Documentos diversos* CIPAD, Anpad, 2013.

CARLZON, Jan. *A hora da verdade*. Rio de Janeiro: COP, 2007.

CERQUEIRA, Wilson. *Endomarketing: educação e cultura para a qualidade*. Rio de Janeiro: Qualitymark, 2007.

CHABREUIL, Patrícia; CHABREUIL, Fabien. *A empresa e seus colaboradores*: usando o eneagrama para otimizar recursos. São Paulo: Madras, 1999.

CLEMEN, Robert T. *Making Hard Decision: An Introduction to Decision Analysis.* 2. ed. Duxbury Press, 2013.

DAWES, Robyn. *Rational Choice in an Uncertain World*. Orlando, FL: Harcourt Brace Jovanovich, 2008.

DINSMORE, Paul; JACOBSEN, Paulo. PROSOLVE – *Processo decisório*. Rio de Janeiro: Ed. Suma Econômica, 2008.

DURO, Jorge Alberto Zietlow. *Decidir ou não decidir*. Rio de Janeiro: Qualitymark, 1998.

HARRISON, E. Franck. *Managerial Decision Making Process*. Hougthton Mifflin Co. International Dolphin Edition, Nova York, 2005.

HAMPTON, David. *Princípios de administração*. São Paulo: McGraw-Hill, 2008.

HELLER, Robert. *Os tomadores de decisão*. São Paulo: Makron, McGraw--Hill, 2006.

KEENEY, Ralph L. *Value Focused Thinking. A Path in Creative Decision Making*. Cambridge: Harvard University Press, 2009.

KOTLER, Phillip. *Administração de marketing*. 2. ed. São Paulo: Atlas, 2007.

LANGLEY, Ann; CHENG, Osvaldo. Between "Paralysis by Analysis" and "Extinction by Instinct", *Harvard Business Review*, Nova York, 2001.

LEITÃO, Sergio P. Capacidade decisória em decisões não estruturadas: uma proposta. *Revista de Administração Pública*, Rio de Janeiro, 27(4) outubro--dezembro de 2009.

MOSCOVICI, Fela. *Renascença organizacional*. Rio de Janeiro: José Olympio, 1993.

MOTTA, Paulo Cesar. A seleção de candidatos como questão de marketing político: uma ilustração com pretendentes à Prefeitura do Rio de Janeiro pelo PMDB. *Anais da IX Reunião Anual da ANPAD*, Santa Catarina, Ed. da Universidade Federal de Santa Catarina, 1985. p. 249-54.

OLIVER, Robert M. *Influence Diagrams, Belief Nets, and Decision Analysis*. Nova York: John Wiley & Sons, 1990.

PALMER, Helen. *O eneagrama: compreendendo-se a si mesmo e aos outros em sua vida*. São Paulo: Paulinas, 1993.

_____. *O eneagrama no amor e no trabalho*. São Paulo: Paulinas, 1999.

PINCHOT III, Gifford. *Intrapreneuring: por que você não precisa deixar a empresa para tornar-se um empreendedor*. São Paulo: Habra, 1989.

SAATY, Thomas. *Decision Making for Leaders*. Pittsburgh: University of Pittsburgh, 1988.

SFEZ, Lucien. *A crítica da decisão*. Lisboa: Dom Quixote, 1990.

TOFFLER, Alvin. *A terceira onda*. 13. ed. Rio de Janeiro: Record, 1980.

_____. *Powershift*. Rio de Janeiro: Record, 1989.

A Editora Senac Rio de Janeiro publica livros nas áreas de Beleza e Estética, Ciências Humanas, Comunicação e Artes, Desenvolvimento Social, Design e Arquitetura, Educação, Gastronomia e Enologia, Gestão e Negócios, Informática, Meio Ambiente, Moda, Saúde e Turismo e Hotelaria.

Visite o site **www.rj.senac.br/editora**, escolha os títulos de sua preferência e boa leitura.

Fique atento aos nossos próximos lançamentos!
À venda nas melhores livrarias do país.

Editora Senac Rio de Janeiro
Tel.: (21) 2545-4927 (Comercial)
comercial.editora@rj.senac.br

Disque-Senac: (21) 4002-2002

Este livro foi composto nas tipografias Lato e Gentium Book Basic, e impresso pela Gráfica e Editora Stamppa Ltda., em papel *offset* 90g/m^2, para a Editora Senac Rio de Janeiro, em agosto de 2015.